中央法規

介護
福祉士
国家試験

らくらく暗記マスター 2025

中央法規介護福祉士受験対策研究会／編集

中央法規

はじめに

国家試験に合格するには、出題されるポイントを知り、それを覚えなければなりません。しかし、範囲が広くて覚えるのも一苦労です。実際に、介護福祉士国家試験の受験者からは、「覚えられない」「暗記できない」「どこを覚えればいいかわからない」といった意見が多く寄せられています。

本書は、そういったみなさんの声に応えるために制作されたものです。タイトルに「暗記マスター」と謳っているように、「暗記が苦手で…」という方たちの“覚える学習”をお手伝いするため、試験でよく問われるものの、覚えづらい、わかりづらい部分を図表に整理し、それらを覚えるためのさまざまな暗記術を紹介しています。また、付属の赤シートで重要語句を確認できるようになっています。さらに、仕事（家事）と勉強のかけもちで忙しい方にも使っていただけるよう、持ち運びしやすいコンパクトサイズにしました。

受験勉強の総仕上げとして、試験当日に会場に持って行くのにもオススメの一冊です。

本書を活用し、多くの方が介護福祉士国家試験に合格されることを心より願っています。

2024年5月

中央法規介護福祉士受験対策研究会

本書の使い方

よく出るテーマを厳選！

過去の介護福祉士国家試験を徹底分析。よく出るテーマを厳選しています。

ヤギ先生とウカルちゃんのやりとりで、楽しく学習！

わかりやすいキャラクターのセリフで、楽しみながら学習しましょう。

暗記術で、ムリなくムダなく、重要語句を頭にインプット！

さまざまな暗記術でしっかり覚えましょう。

---

15 身体障害

障害

身体障害者手帳

障害程度等級表の1級から6級までに該当すると認定された場合に、都道府県知事、指定都市市長、中核市市長から交付される

◎障害の種類（交付対象）

- 視覚障害
- 聴覚又は平衡機能の障害
- 音声機能、言語又は咀嚼の障害
- 肢体不自由
- 心臓、腎臓又は呼吸器の機能障害
- 膀胱又は直腸の機能障害
- 小腸の機能障害
- ヒト免疫不全ウイルスによる免疫機能障害
- 肝臓の機能障害

ペースメーカーの装着者も交付対象に含まれるよ

ワカッター

上記の障害がある18歳以上の人で、身体障害者手帳の交付を受けた人が「身体障害者」と規定されているのですね

正解！　そして、1・2級の人は「重度障害者」とも言うぞ

ゴロで覚えよう

身体障害者手帳をもらえる内部障害の覚え方は、

新（心臓）　人（腎臓）　小（呼吸）　坊主 超（膀胱または直腸）　傷心して（小腸）

拝（HIV）　観するご神体（肝臓）（身体障害者手帳）

わーん！　どうしたの？

まるっと暗記しよう

身体障害者手帳は、都道府県知事、指定都市市長、中核市市長から交付される。

106 医学系

全12科目を【制度系】【医学系】【介護系】の3つに分けて、サクっと覚える！

介護福祉士国家試験では、科目横断的な知識が求められます。そこで、各科目を内容ごとに大きく3つに分けました。それぞれ、下記の科目が含まれています。

制度系：人間の尊厳と自立、社会の理解

医学系：こころとからだのしくみ、発達と老化の理解、認知症の理解、障害の理解、医療的ケア

介護系：人間関係とコミュニケーション、介護の基本、コミュニケーション技術、生活支援技術、介護過程

各分野の最後にある「ヤギ先生の特選チェック」で理解度を確認！

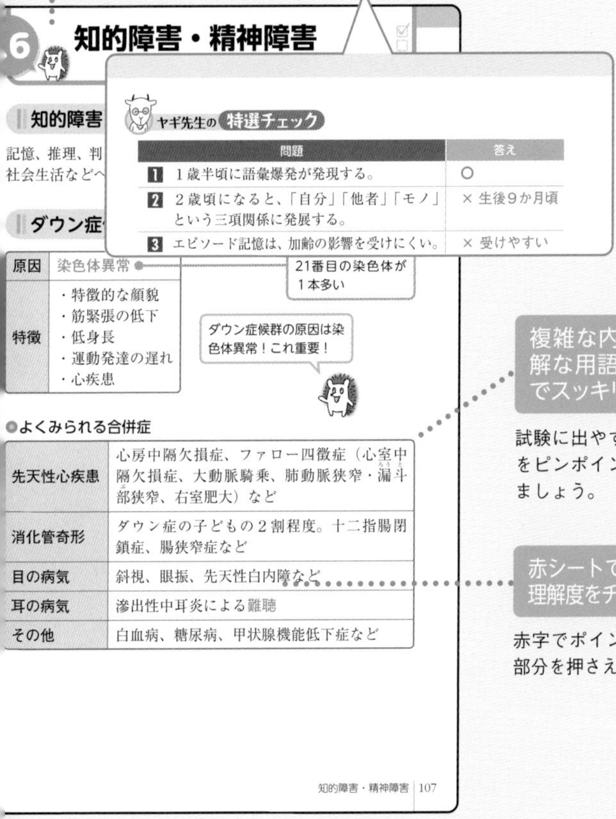

6 知的障害・精神障害

知的障害

記憶、推理、判

社会生活などへ

ダウン症

ヤギ先生の特選チェック

問題	答え
1 1歳半頃に語彙爆発が発現する。	○
2 2歳頃になると、「自分」「他者」「モノ」という三項関係に発展する。	× 生後9か月頃
3 エピソード記憶は、加齢の影響を受けにくい。	× 受けやすい

原因	染色体異常（21番目の染色体が1本多い）
特徴	・特徴的な顔貌 ・筋緊張の低下 ・低身長 ・運動発達の遅れ ・心疾患

ダウン症候群の原因は染色体異常！これ重要！

●よくみられる合併症

先天性心疾患	心房中隔欠損症、ファロー四徴症（心室中隔欠損症、大動脈騎乗、肺動脈狭窄・漏斗《ろうと》部《ぶ》狭窄、右室肥大）など
消化管奇形	ダウン症の子どもの2割程度。十二指腸閉鎖症、腸狭窄症など
目の病気	斜視、眼振、先天性白内障など
耳の病気	滲出性中耳炎による難聴
その他	白血病、糖尿病、甲状腺機能低下症など

知的障害・精神障害 107

複雑な内容、難解な用語を図表でスッキリ整理！

試験に出やすいところをピンポイントで覚えましょう。

赤シートで理解度をチェック！

赤字でポイントとなる部分を押さえましょう。

ラクに覚える暗記術

ゴロで覚えよう

文字どおり、ゴロ合わせです。思い出しやすく、イラストと関連してイメージしやすい暗記術です。

ストーリーで覚えよう

物語で覚えると、数珠つなぎで連想することができ、思い出しやすく忘れにくくなります。

規則性で覚えよう

人数や期間など、共通項で括れる事柄はつながりで覚えましょう。

まるっと暗記しよう

試験でよく問われる内容を丸ごと覚えましょう。簡潔にまとめているので、インプットもアウトプットもらくらく！

リズムで覚えよう

リズムに合わせて覚えると、記憶に定着しやすいと言われます。俳句や短歌のように、リズムに乗って覚えましょう。

ABCで覚えよう

カタカナの用語は、その言葉の意味から覚えてみましょう。意味がわかれば用語も覚えられるはずです。

イメージで覚えよう

イラストや図を見たり、文章を読んだりして、そのままイメージで覚えてしまいましょう。

Q&A

ウカルちゃんの疑問にヤギ先生が答えます。読者目線のウカルちゃんの疑問に、賛同する人も多いはず！？

勉強の合間に一息…

ウカルちゃんといっしょ

ウカルちゃんたちが４コマ漫画で登場！ 教え子のウカルちゃんと読者のため、ヤギ先生があの手この手で指導してくれます。真面目に勉強しているかと思いきや、勉強から脱線していたりも…（？）。受験勉強の息抜きにどうぞ。

キャラクター紹介

ヤギ先生

あまたある福祉系資格をすべて取得し、抜群の指導実績を誇るカリスマ先生。合格をめざす教え子のウカルちゃんのため、ときに優しく、ときに厳しく指導する。試験に出るところを熟知し、要所に飛び出す解説は明瞭簡潔。

ウカルちゃん

受かりたい気持ちいっぱい、ヤル気全開の元気な女の子。どこを覚えたらいいのかよくわからず、ヤギ先生に疑問を投げかけたり、時には嘆いたり。合格をめざすみんな（読者）といっしょにがんばりたいと燃えている。

髪を洗うと…

ハリネズミ

（わが輩はハリネズミ、名前はまだない……。）ウカルちゃんとは大の仲良し。試験のことは何も知らないはず。と思いきや、時折、明快にポイントを突く。

科目名の略称

人間の尊厳と自立	➡ 尊厳	障害の理解	➡ 障害
人間関係とコミュニケーション	➡ 関係	医療的ケア	➡ 医療
社会の理解	➡ 社会	介護の基本	➡ 介護
こころとからだのしくみ	➡ こころ	コミュニケーション技術	➡ コミュ
発達と老化の理解	➡ 発達	生活支援技術	➡ 生活
認知症の理解	➡ 認知	介護過程	➡ 過程

▶介護福祉士国家試験について

●申し込みから登録までの流れ

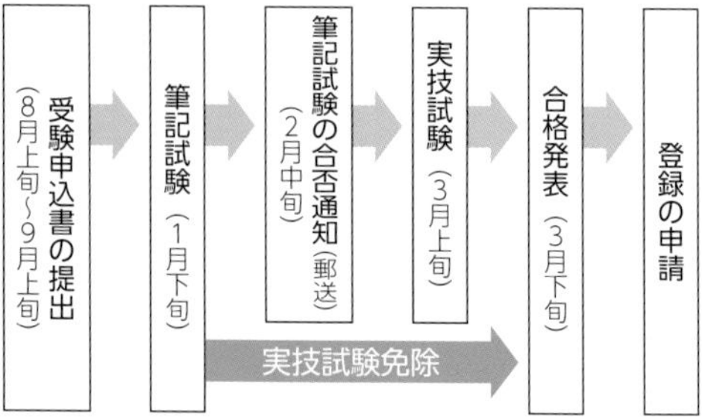

●出題数、試験時間

領域	科目	問題数	科目群	試験時間
人間と社会	①人間の尊厳と自立	18問	①	10:00～11:40（100分）
	②人間関係とコミュニケーション		②	
	③社会の理解		3	
こころとからだのしくみ	④こころとからだのしくみ	40問	6	
	⑤発達と老化の理解		7	
	⑥認知症の理解		8	
	⑦障害の理解		9	
医療的ケア	⑧医療的ケア	5問	10	
介護	⑨介護の基本	50問	①	13:35～15:35（120分）
	⑩コミュニケーション技術		②	
	⑪生活支援技術		4	
	⑫介護過程		5	
総合問題	⑬総合問題	12問	11	
合　計		125問	11科目群	220分

● **出題方式**

五肢択一形式（5つの選択肢から「正しいもの（適切なもの）」などを1つ選ぶ）
図表などを用いた問題の出題

● **これまでの試験の結果（過去3回分）**

試験回数	受験者数	合格者数	合格率	合格点
第34回	83,082人	60,099人	72.3%	78点
第35回	79,151人	66,711人	84.3%	75点
第36回	74,595人	61,747人	82.8%	67点

● **合格基準**

〈筆記試験〉

次の①②を満たすことが必要
①総得点（125点）の60%程度を基準として、問題の難易度で補正した点数以上の得点があること
②「11科目群」すべてに得点があること

〈実技試験〉

課題の総得点（100点）の60%程度を基準として、課題の難易度で補正した点数以上の得点があること

筆記試験は、科目群で0点を取ったらいけないってことですね！

【①人間の尊厳と自立】【⑨介護の基本】が同じ科目群、【②人間関係とコミュニケーション】【⑩コミュニケーション技術】が同じ科目群なのだ

※「出題数、試験時間」「出題方式」は第36回試験の実績

目次

制度系

医学系

介護系

制度系

ウカルちゃんといっしょ　制度系の効率的な勉強法の巻

社会保障制度の勉強は、
どこから手をつけていいのかわからないよ〜
困った〜
タクサンアルカラネ！
介護保険
医療保険
労災保険
年金保険
社会サービス
生活保護
社会手当
雇用保険
バラバラのまま勉強するよりも
社会保障制度
社会保険
社会扶助
大別
まとめるとわかりやすくなるぞ
大別ですね！
うんうん
社会保障制度
社会保険
社会扶助
大別
社会保険と社会扶助はどう違うのですか？
シュッ
では、説明しよう！
社会保険は
将来のために
みんなで助け合う
…ということだ！
防貧対策
共助

困っている人を助ける
社会扶助は
…のだ！
救貧対策
公助
ウカル、学習の成果を試すのじゃ！
子どもの教育費などに使えるのが、児童手当
社会扶助の社会手当ですね！
救貧対策
公助
育児休業給付
育児休業を取ったときに支給されるのが
社会保険の雇用保険からですね！
防貧対策
共助
このように社会保障制度を大別して理解すると
わかりやすいのじゃ
社会保障制度
社会保険
社会扶助
社会扶助！救貧！公助！
社会保険！防貧！共助！

1 福祉に関する重要ワード

尊厳 社会 障害 介護

福祉の基本理念

理念とは、「福祉とはこうあるべきだ」という根本の考えのことだ

ナショナル・ミニマム

・国が保障する国民の最低限度の生活水準
・所得、住宅、教育などを、社会保障や公共政策で保障する

ソーシャル・インクルージョン

・すべての人を社会的孤立から援護する
・すべての人を社会的に排除しない
・共に生き、支え合うこと

ノーマライゼーション

デンマーク生まれのバンク-ミケルセンが提唱。「1959年法」の制定にも関わる

・すべての人の個性が尊重される
・障害によって差別されない
・地域社会の中でありのままに生活できる

障害はその人にとっての個性と捉える！

リハビリテーション

・人間的復権を理念としている
・身体・精神の機能回復だけでなく、社会復帰を目的とする
・医学的、教育的、職業的、社会的リハビリテーションがある
・急性期、回復期、維持期という段階がある

介護においては、社会的リハビリテーションが重要！

基本理念を問う問題が多いので、しっかり理解しておこう！

ABCで覚えよう

ナショナル・ミニマム	ソーシャル・インクルージョン
national（全国的な、国民の）・minimum（最低限、最少）	social（社会的な、社会の）inclusion（含有、含めること）
↓ 国民の最低限度の生活水準	↓ すべての人は社会の構成員

●バリアフリー

物理的バリア、心理的バリア、社会的バリアなど

・高齢者や障害者の日常生活を妨げる障壁（バリア）を取り除く（フリー）こと

●ユニバーサルデザイン

・「どこでも・だれでも・自由に・使いやすく」という考え方を踏まえたデザインのこと

ABCで覚えよう

バリア	フリー	ユニバーサル	デザイン
barrier	free	universal	design
（障壁）	（制約がない）	（一般的な、普遍的な）	（デザイン）

↓ 障壁のない環境

↓ 誰もが使いやすい設計

援助の視点

●利用者本位

・利用者の視点と立場で援助を決定すること
・利用者が自己選択・**自己決定**すること
・利用者の**ニーズ**に応えていること

介護福祉職が「これでいいだろう」と決めるのではなく、「利用者自身はどう思っているか」「ニーズに応えられているか」を考えることが大切なんですね！

●ストレングス

・「**強さ**」と訳される
・人が潜在的に有する能力や意欲、願望、経験などを意味する

●自立

・他者から介護を受けていても、その人の状況に応じて、できる限り**社会参加**できるように支援すること
・自立の考え方として、**経済**的自立、**社会**的自立、**身体**的自立、**精神**的自立の４つがある

精神的自立：目標をもち、自らが主体となって物事を進めていく

社会的自立：経済活動や社会活動などに参加し、社会的な役割を担う

◎エンパワメント

・利用者の人生の主役は「利用者」という意識
・利用者自身の力で課題を解決できるようにする

◎自己覚知

・自分の受け止め方
・自分の反応の仕方
・自分の言語や感情

} を客観的に理解すること

相手のことだけでなく、自分のことも知っておかないと、いい介護ができないぞ。まさに「敵を知り己を知れば百戦危うからず」だ

◎アドボカシー

・利用者を代弁する
・利用者の権利を擁護《ようご》する

◎ラポール

・お互いに信頼し合う
・心理的距離が縮まる

ABCで覚えよう

エンパワメント	アドボカシー
empowerment (力をつける) ↓ 元気になるように、 その人の力を引き出す	advocacy (弁護、擁護、支持) ↓ 利用者を代弁する

権利保障

◎日本国憲法第13条 ― 幸福追求権

すべて国民は、個人として尊重される。生命、自由及び幸福追求に対する国民の権利については、公共の福祉に反しない限り、立法その他の国政の上で、最大の尊重を必要とする

日本国憲法第25条

生存権

すべて国民は、健康で文化的な最低限度の生活を営む権利を有する

ゴロで覚えよう

日本国憲法第13条と第25条の覚え方は、

幸福を追求する意味
（幸福追求権）　（第13条）

それはニコニコと生きていくためなのさ
（第25条）　（生存権）

障害者差別解消法

障害を理由とする差別の解消、社会的障壁の除去など

- 「障害者基本法」第４条を具体的に実現するための法律
- 「障害者」の定義には、障害のあるすべての人が含まれる（発達障害も含む）
- 不当な差別的取扱いの禁止（国・地方公共団体、民間事業者は義務）、合理的配慮の提供（国・地方公共団体、民間事業者は義務）を定めている

民間事業者は、2024（令和6）年４月から、合理的配慮の提供が義務化されました

合理的配慮は、2006（平成18）年に国連が採択した「障害者権利条約」で初めて取り上げられた概念じゃ

世界人権宣言第１条

すべての人間は、生れながらにして自由であり、かつ、尊厳と権利とについて平等である。人間は、理性と良心とを授けられており、互いに同胞の精神をもって行動しなければならない

国際障害者年 —— 1981年

・テーマは、「完全参加と平等」
・「障害の概念」「リハビリテーション」「ノーマライゼーション」が理念としてあげられている

ゴロで覚えよう

国際障害者年の覚え方は
障害者も　**完全参加**で　**平等**に　**行く。はい、集合！**
(国際障害者年)　(完全参加と平等)　(1981)

「Nothing about us without us（私たち抜きに私たちのことを決めるな）」という障害者団体の考え方がもとになっている

障害者権利条約

・人権の視点からつくられている
・障害者の固有の尊厳の尊重を促進することが目的の１つ
・障害者の権利の実現のための措置などを規定している
　→ ・障害に基づくあらゆる差別の禁止
　　 ・障害者の社会への参加・包容の促進
　　 ・条約の実施を監視する枠組みの設置など

その他

ワーク・ライフ・バランス

・仕事と生活（育児・介護）との両立のための問題改善
・制度的枠組みの構築や環境整備に取り組む

ABCで覚えよう

ワーク・ライフ・バランス
work　life　balance
(仕事)　(生活)　(均衡、つり合い)
↓
仕事と生活の調和

●仕事と生活の調和によって実現できる社会とは

・就労による**経済的**自立が可能な社会
・健康で豊かな生活のための時間が確保できる社会
・**多様**な働き方・生き方が選択できる社会

「育児・介護休業法」（P.32を参照）とセットで理解するとわかりやすいね！

●地域包括ケアシステム

・地域の実情や特性に応じて構築するケアシステム
・医療、介護、予防、住まい、生活支援が**一体的**に提供される地域での体制づくり
・住み慣れた地域で**主体的**な生活を継続するための体制づくり

制度・分野ごとの「縦割り」だったものが、
地域の住民や多様な主体が「**我が事**」として参画し、
人と資源が世代や分野を超えて「**丸ごと**」つながる

進化

●地域共生社会

・子ども・高齢者・障害者など、すべての人々が地域、暮らし、生きがいを共に創り、高め合うことができる社会
・地域のあらゆる住民が役割をもち、支え合いながら、自分らしく活躍できるコミュニティを育成する
・地域の公的サービスと協働して助け合いながら暮らすことができる

まるっと暗記しよう

①障害によって差別されないのがノーマライゼーション。
②リハビリテーションは、人間的復権を理念としている。
③日本国憲法第25条は生存権を保障している。
④地域共生社会は「縦割り」から「丸ごと」へと進化した。

2 日本の社会福祉の歩み

社会

社会福祉の考えの変化

福祉全般の考え

戦後の貧困対策などが中心

戦争孤児や傷痍軍人（戦争で負傷した軍人）、生活困窮者が増加

↓

少子高齢化対策・生活の質の向上が求められ

↓

現在では**自立**と**尊厳**の尊重が求められている

施設の考え

「収容」から「入所」

↓

「入所」から「利用」

「収容」だと、「施設に入れられる」っていう印象だけど、「利用」だと「本人の意思で使える」っていう感じがするね！

ストーリー で覚えよう

戦後は、戦争孤児や傷《しょう》痍《い》軍人《ぐんじん》、生活困窮者《せいかつこんきゅうしゃ》が増加するため、その人たちの救済政策が必要になる。

それが、福祉のスタート！

戦争孤児には……**児童**福祉法
傷痍軍人には……**身体**障害者福祉法
生活困窮者には…**生活保護**法

} **福祉三法**の誕生！

福祉六法

福祉三法は20年代、
残りの３つは30年代♪

		法律名	成立年	
福祉六法	福祉三法	児童福祉法	1947（昭和22）年	昭和20年代
		身体障害者福祉法	1949（昭和24）年	
		生活保護法	1950（昭和25）年	
		知的障害者福祉法	1960（昭和35）年	昭和30年代
		老人福祉法	1963（昭和38）年	
		母子及び父子並びに寡《か》婦《ふ》福祉法	1964（昭和39）年	

寡婦とは、夫と死別または離別後に再婚していない女性のことです

ゴロで覚えよう

福祉六法の覚え方は、

自	信をもって	生活	する	知的	な	老	母
(児童)	(身体)	(生活)		(知的)		(老人)	(母子)

ついでにこれも覚えておくといいぞ〜
旧生活保護法→昭和21年
新生活保護法→昭和25年

柿くえば……

まるっと暗記しよう

①福祉三法は、児童福祉、身体障害者福祉、生活保護。
②福祉三法は昭和20年代、福祉六法は30年代に成立。

社会保障

社会保障制度とは

保険料や租税《そぜい》によって、貧困を救済・予防するための制度

社会保障制度の種類									
社会保険（共助）					社会扶助（公助）				
					公的扶助	社会サービス			社会手当
年金保険	医療保険	介護保険	雇用保険	労働者災害補償保険	生活保護	高齢者福祉	児童福祉	障害（児）者福祉	母子・父子・寡婦福祉	児童扶養手当など 児童手当

保険料が中心（防貧）　　租税が中心（救貧）

日本の社会保障の考え方とは、どういうものですか？

①基本となる自助
②それを補完する共助
③必要な生活保障をする公助
という組み合わせになっているぞ

ゴロで覚えよう

社会保険の種類の覚え方は、

年	に	1	回	の	コ	ロ	コロ
（年金）		（医療）	（介護）		（雇用）	（労災）	

年に1回は
コロコロしなきゃ……

まるっと暗記しよう

社会保障制度は、社会保険と社会扶助に大別される。

4 社会保障給付費

社会

社会保障給付費とは

- 国民に給付される社会保障に関する金銭やサービスの合計額
- 2021（令和3）年度の総額は、138兆7,433億円
- 介護対策の割合は横ばいである

資料：社会保障費用統計（令和３年度）

社会保障には、こんなにたくさんのお金が使われているのですね

国民が安心して暮らすことができるようにするためには、当然のことなのだ

部門別にみた社会保障給付費

部門とは、医療、年金、福祉その他の３つ

部門別社会保障給付費

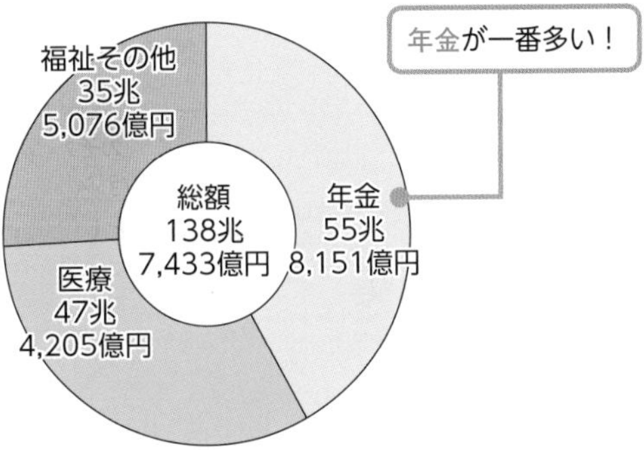

資料：社会保障費用統計（令和３年度）

まるっと暗記しよう

社会保障給付費のうち年金は50兆円を超え、一番多い。

5 年金保険

社会

年金保険とは

・1961（昭和36）年に年金制度が整い、**国民皆年金**となった
・**20歳以上60歳未満**のすべての者に加入が義務づけられている
・年金事務所が業務を行う

五七五リズムで覚えよう（五七五）

魅力ある	制度ができた	皆年金
（昭和36年）	（制度が整う）	（国民皆年金）

すべての国民が加入

種類	加入する人	保険料
国民年金（基礎年金）	自営業者、学生など	定額
厚生年金（基礎年金の上乗せ）	サラリーマン、公務員など	報酬比例

給与などに応じて計算される

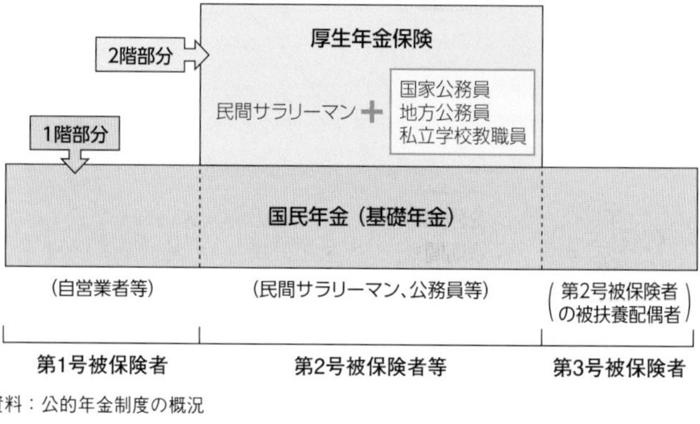

資料：公的年金制度の概況

国民年金には、第1号から第3号までの3区分がある！

区分	対象	
第1号被保険者	自営業者、学生等	1,405万人
第2号被保険者	サラリーマン、公務員等	約4,618万人
第3号被保険者	サラリーマンや公務員等に扶養されている配偶者	721万人

資料：厚生年金保険・国民年金事業の概況（令和４年度）

受給要件

保険料納付済（免除）期間2/3以上

	国民年金（基礎年金）	厚生年金（被用者年金）
老齢年金	受給資格期間が10年以上あること	原則、老齢基礎年金の受給資格期間を満たしていること
障害年金	国民年金加入期間中に初診日のある障害であること	厚生年金加入期間中に初診日のある障害であること
遺族年金	被保険者や老齢年金受給資格を満たす人が死亡したとき	被保険者や厚生年金受給資格を満たす人が死亡したとき

受給資格期間とは、年金を受け取るために保険料を納めた期間や加入者であった期間などの合計年数のことだぞ

年金額には反映されない合算対象期間や保険料免除期間も受給資格期間に含まれるのですね！

まるっと暗記しよう

年金保険は、20歳以上60歳未満の者は強制加入。

6 医療保険

社会

1961（昭和36）年に医療保険制度が整い、国民皆保険となった

主な医療保険制度

都道府県は主に財政運営の責任主体、市区町村は主に従来の窓口業務を担う

医療保険の種類		保険者	加入者
被用者保険	健康保険	全国健康保険協会	中小企業のサラリーマンと被扶養者
		健康保険組合	大企業のサラリーマンと被扶養者
	共済組合	各種共済組合	公務員等と被扶養者
	船員保険	全国健康保険協会	船員と被扶養者
国民健康保険		都道府県、市区町村	自営業者等と被扶養者
		国民健康保険組合	医師、弁護士等の同職種者
後期高齢者医療		都道府県の広域連合	75歳以上の人、65歳以上75歳未満の障害認定者

後期高齢者医療は2022（令和４）年10月から、医療費の窓口負担が１割であった被保険者のうち一定以上所得のある人は、２割に引き上げられたぞ

まるっと 暗記しよう

①国民健康保険の保険者は、都道府県・市区町村と国民健康保険組合。

②後期高齢者医療の加入者は、原則75歳以上の人。

7 雇用保険

社会

雇用保険とは

・労働者を雇用する事業は**強制的**に適用される
・生活および雇用の安定と就職の促進のために**失業等**給付を支給。財源は国庫と保険料（事業主と労働者が**折半**で負担）
・労働者の能力の開発等を図るために雇用保険二事業を実施。財源は保険料のみで、**事業主**が**全額**負担する

雇用保険の種類

雇用保険	失業等給付	求職者給付
		就職促進給付
		教育訓練給付
		雇用継続給付
	育児休業給付	
	雇用保険二事業	雇用安定事業
		能力開発事業

制度改正により2020（令和2）年度から、雇用継続給付の中にあった育児休業給付が独立し、育児休業給付資金も創設されたのだ

育児休業給付は、育児休業を取得した労働者の生活と雇用の安定のための給付と位置づけられたよ

ストーリーで覚えよう

失業 → 求職中も生活はある！ 求職者給付
→ 早めに再就職できた 就職促進給付
→ 資格をとって再就職に活かそう 教育訓練給付
→ 年をとっても、親の介護で休んでも、また働きたい 雇用継続給付

まるっと暗記しよう

失業等給付の保険料は、事業主と労働者が折半で負担。

8 労働者災害補償保険（労災保険）

社会

労災保険とは

労働者を1人以上使用する事業所には、労災保険への加入が義務づけられているぞ

・労働者が業務中または通勤中に被った負傷、疾病、障害、死亡などに対する給付
・負傷し、または疾病にかかった労働者の社会復帰の促進など

のための保険

・保険料は全額事業主負担

パートやアルバイトも保険給付の対象となるよ

労災保険が使える場合

原因・事由	災害分類	保険
仕事	業務災害	労災保険
通勤	通勤災害	労災保険
その他	その他の災害	健康保険

労働災害には健康保険は使えない！

・保険給付は、①休業（補償）給付、②傷病（補償）給付、③障害（補償）給付、④遺族（補償）給付、⑤療養（補償）給付、⑥介護（補償）給付、⑦葬祭料・葬祭給付の7種類

通勤災害に係る給付名には「補償」がつかないから注意しようね～

「労働保険」って言いますけど、雇用保険と労災保険とは違うものなんですか？

雇用保険と労災保険を総称して「労働保険」と言うのだ。これは試験に出たこともあるから覚えておくんだぞ

まるっと暗記しよう

労災保険の保険料は、全額事業主が負担する。

9 社会手当

社会

社会手当とは

社会手当は、社会保障制度の1つ！
(P.24を参照)

・保険料ではなく、租税を主な財源にしている

社会手当の種類

児童手当

・家庭などの生活の安定に寄与することが目的
・中学校修了までの国内に住所を有する児童の養育者が対象

児童扶養手当

・ひとりで家計を支えている家庭の子育ての負担軽減が目的
・18歳に到達した最初の年度末まで（一定以上の障害がある児童の場合は20歳未満まで）支給される
・母子家庭と父子家庭が対象

児童扶養手当は父子家庭も支給対象！

特別児童扶養手当

・精神または身体障害のある20歳未満の児童の福祉増進が目的
・家庭で監護、養育している父母などに支給される
・児童が施設に入所している場合や障害年金を受給している場合は支給されない

児童手当と児童扶養手当は、併給（両方受給すること）も可能なのだ

まるっと 暗記しよう

①社会手当の主な財源は、租税である。
②児童扶養手当は、母子家庭と父子家庭が対象。

10 育児・介護休業法

社会 介護

育児・介護休業法とは

男性、契約社員にも適用される

育児または家族の介護を行う労働者の職業生活と家庭生活との両立が図られるよう支援する法律

育児休業の概要

法改正により2022(令和４)年10月から、分割して２回取得が可能になった

種類	概要
育児休業	原則、１歳未満の子を養育する労働者が対象。一定の要件を満たす場合は１歳６か月まで延長可（再延長は２歳まで）
子の看護休暇	小学校就学前の子１人につき年５日（２人以上なら10日）まで１日単位・時間単位での取得が可能
所定労働時間の短縮	３歳未満の子がいる場合、短時間勤務制度（１日原則６時間）を設ける
所定外労働の制限	３歳未満の子がいる場合、残業を免除
時間外労働の制限	小学校就学前の子がいる場合
深夜業の制限	小学校就学前の子がいる場合
転勤についての配慮	育児の状況に配慮しなければならない
不利益取扱いの禁止	上記の申し出を理由に不利益な扱いをしない。マタハラ・パタハラなどの防止措置の義務づけ

※マタハラ…マタニティハラスメント、パタハラ…パタニティハラスメント

次ページの表中の「対象家族」とは、労働者の配偶者、父母、子、祖父母、兄弟姉妹、孫、配偶者の父母のことだ。試験でも問われるから覚えておくのだぞ！

介護休業の概要

3回を上限として分割取得が可能

種類	概要
介護休暇	要介護状態にある家族(対象家族)1人につき年5日まで1日単位・時間単位での取得が可能
介護休業	対象家族1人につき通算93日まで休業可能
所定労働時間の短縮	介護休業とは別に、利用開始から3年以上で2回以上の利用が可能
所定外労働の制限	対象家族がいる場合、残業を免除
時間外労働の制限	対象家族がいる場合
深夜業の制限	対象家族がいる場合
転勤についての配慮	介護の状況に配慮しなければならない
不利益取扱いの禁止	上記の申し出を理由に不利益な扱いをしない。マタハラ・パタハラなどの防止措置の義務づけ

※要介護状態…負傷、疾病、身体上または精神上の障害により、2週間以上の期間にわたり常時介護を必要とする状態

出生時育児休業(産後パパ育休)制度

- 男性の育児休業取得促進のため、子の出生後8週間以内に4週間まで取得することができる制度(2022年10月施行)
- 育児休業とは別に取得することができる
- 申出期限は原則休業の2週間前まで。分割して2回取得も可

まるっと 暗記しよう

①育児休業は原則1歳未満(再延長は2歳まで)。
②子の看護休暇、介護休暇は時間単位での取得も可能。
③育児休業と介護休業は分割取得が可能。

11 生活保護

社会

4つの原理

障害等があり通院等に車が必要な場合などには、資産である車の保有が認められることがある

原理	説明
国家責任の原理	国の責任で保護を行う
無差別平等の原理	貧困に陥《おちい》った理由にかかわらず、無差別平等に保護を受けられる
最低生活保障の原理	健康で文化的な生活水準を維持するために必要な最低限度の水準を保障する
保護の補足性の原理	最低限度の生活を維持するために利用できるもの（資産、能力等）はすべて活用する

「最低生活保障の原理」の説明文は、P.19に出てきた日本国憲法第25条の文章と似てますね

よく気づいたな。生活保護は、日本国憲法第25条の理念に基づいているのだよ

4つの原則

急迫した状況にある場合は、申請がなくても保護を行える

原則	説明
申請保護の原則	要保護者、扶養義務者、同居の親族による申請に基づいて保護を開始する
基準および程度の原則	生活保護基準は、保護を受ける人の需要を基として、不足分を補う程度で行われる
必要即応の原則	保護を受ける人の年齢や健康状態など、人それぞれの違いを考慮して適切に行われる
世帯単位の原則	世帯を単位に保護の程度を決定する

五七五リズムで覚えよう（五七五七七）

生活保護の４つの原則

申請し、　基準を満たせば　　即適応
（申請保護）（基準および程度）（必要即応）

一家そろって　制度は動く
（世帯単位）

扶助の種類

介護保険料はここから支払われる

種類	説明	給付
生活扶助	食費や光熱水費など	金銭
教育扶助	義務教育の教材費や給食費など	金銭
住宅扶助	家賃や家屋の修繕費など	金銭
医療扶助	医療サービスの費用	現物
介護扶助	介護保険サービスの自己負担分	現物
出産扶助	出産に関する費用や入院費など	金銭
生業扶助	就労に必要な技能の修得等にかかる費用	金銭
葬祭扶助	葬祭費用	金銭

生活保護を開始する理由で最も多いのは貯金の減少なのだ

老後のために貯蓄は重要ですね！

まるっと暗記しよう

①申請は要保護者、扶養義務者、同居の親族のみ行える。
②保護の程度は、世帯を単位として決められる。
③現物給付は医療扶助と介護扶助だけ。残りは金銭給付。

ウカルちゃんといっしょ　みんなで扶助当てクイズの巻

食費ト光熱水費ダネッ
もぐもぐ
生活扶助!!
教材費トカネッ
いってきま～す！
教育扶助だ！
我ガ家ガイチバン!!
ただいま～
ヤギ先生
住宅扶助？
先生モ木カラ落チル！
先生にも「筆の誤り」と言ってほしいのぉ～
医療扶助！
うう

おいしいのぉ〜
介護扶助かな？
私ニモクダサイ
出産扶助…かな？
出産ノタメニ必要ナ費用ダヨ！
スキルアップ!!
スキルを身につけているってことだから…
生業扶助ダヨ！
葬祭扶助？
先生ガ召サレタ!?

12 生活困窮者自立支援法

社会

基本理念

・生活困窮者（就労や心身の状況等の事情により、現に経済的に困窮し、最低限度の生活を維持することができなくなるおそれのある人）の尊厳の保持
・就労の状況、心身の状況、地域社会からの孤立といった生活困窮者の状況に応じた、包括的かつ早期の自立支援　など

事業の種類

実施主体は、都道府県、市、福祉事務所を設置する町村じゃ

事業		概要
必須事業	自立相談支援事業	一人ひとりの状況に応じた自立支援計画を作成する　など
必須事業	住居確保給付金	安定した住居の確保と就労の自立を図るため、家賃費用を有期で給付する　など
任意事業（★：努力義務）	就労準備支援事業★	一般就労に向けた知識・能力の向上のための訓練を行う　など
任意事業（★：努力義務）	家計改善支援事業★	家計の状況を把握し、改善の意欲を高める支援を行う　など
任意事業（★：努力義務）	一時生活支援事業	一定期間、宿泊場所や衣食の提供を行う　など
任意事業（★：努力義務）	子どもの学習・生活支援事業	学習支援や居場所づくり、保護者への助言を行う　など

まるっと暗記しよう

①実施主体は都道府県、市、福祉事務所を設置する町村。
②必須事業は自立相談支援事業と住居確保給付金の２つ。

13 介護保険の概要

社会

介護保険制度の概要

介護保険制度の前は、措置制度だったぞ！

・2000（平成12）年にスタート
・要介護状態になっても可能な限り居宅で自立した生活を送れるようにするための制度
・保険者は市町村および特別区（東京23区）
・財源は保険料と公費

> 介護保険法第２条第４項
> 保険給付の内容及び水準は、被保険者が要介護状態となった場合においても、可能な限り、その居宅において、その有する能力に応じ自立した日常生活を営むことができるように配慮されなければならない

介護保険制度の基本的な考え方

・高齢者の自立を支援する（自立支援）
・利用者自身の選択により、事業者等と契約する（利用者本位）
・多様な主体によるサービスを総合的・一体的・効率的に受けられる
・給付と負担の関係が明確な社会保険方式を採用

> 民間企業やNPO法人なども可

> サービスの利用量に応じて負担額を決定（応益負担）

介護保険の被保険者

第１号被保険者	市区町村に住所を有する65歳以上の人
第２号被保険者	40歳以上65歳未満の市区町村に住所を有する医療保険加入者

> ただし、介護保険サービスを利用できるのは特定疾病（P.46を参照）が原因で要介護（要支援）状態になった場合

介護保険制度改正の経過のポイント

2014年改正 (2015年度施行)	指定介護老人福祉施設の新規入所要件を原則要介護３以上に厳格化 ・予防給付（訪問介護・通所介護）を介護予防・日常生活支援総合事業に移行 ・包括的支援事業に在宅医療・介護連携推進事業、生活支援体制整備事業、認知症総合支援事業を創設 ・市町村による地域ケア会議の設置を努力義務として法定化 ・一定以上所得のある第１号被保険者の自己負担割合を２割に引き上げ
2017年改正 (2018年度施行)	・介護医療院、共生型サービス（ホームヘルプサービス、デイサービス、ショートステイ）の創設 ・２割負担者のうち、特に所得の高い層の自己負担割合を３割に引き上げ
2020年改正 (2021年度施行)	・高額介護サービス費の上限額の引き上げ ・要介護認定の更新申請における有効期間の上限を延長（P.47を参照）
2023年改正 (2024年度施行)	・地域包括支援センターの業務の見直し（指定介護予防支援事業者の対象拡大、総合相談支援業務の委託）

指定居宅介護支援事業者を追加

まるっと 暗記しよう

①介護保険の保険者は、市町村および特別区。
②介護保険の財源は、保険料と公費。
③第２号被保険者は40歳以上65歳未満の医療保険加入者。

14 介護保険サービス

社会

居宅サービス

都道府県が指定・監督

	介護給付（要介護者）	予防給付（要支援者）
1	訪問介護	
2	訪問入浴介護	介護予防訪問入浴介護
3	訪問看護	介護予防訪問看護
4	訪問リハビリテーション	介護予防訪問リハビリテーション
5	居宅療養管理指導	介護予防居宅療養管理指導
6	通所介護	
7	通所リハビリテーション	介護予防通所リハビリテーション
8	短期入所生活介護	介護予防短期入所生活介護
9	短期入所療養介護	介護予防短期入所療養介護
10	特定施設入居者生活介護	介護予防特定施設入居者生活介護

特定施設：有料老人ホーム、軽費老人ホーム、養護老人ホームのこと

生活環境を整えるサービス

特定福祉用具販売と住宅改修は償還払い（P.154を参照）が原則

	介護給付（要介護者）	予防給付（要支援者）
1	福祉用具貸与	介護予防福祉用具貸与
2	特定福祉用具販売	特定介護予防福祉用具販売
3	住宅改修	介護予防住宅改修

※福祉用具貸与と特定福祉用具販売は居宅サービスに含まれる

住宅改修：小規模な工事（P.157を参照）を伴うものが給付対象

地域密着型サービス

市区町村が指定・監督

	介護給付（要介護者）	予防給付（要支援者）
1	認知症対応型通所介護	介護予防認知症対応型通所介護
2	小規模多機能型居宅介護	介護予防小規模多機能型居宅介護
3	認知症対応型共同生活介護	介護予防認知症対応型共同生活介護
4	複合型サービス（看護小規模多機能型居宅介護）	要支援者の利用不可
5	定期巡回・随時対応型訪問介護看護	
6	夜間対応型訪問介護	
7	地域密着型特定施設入居者生活介護	
8	地域密着型介護老人福祉施設入所者生活介護	
9	地域密着型通所介護	

※4・5：2011年の法改正で追加

※9：2014年の法改正で追加

たくさんのサービスがあるのですね！覚えられるかな…

住み慣れた地域で、自立しながら元気に過ごすためには、これくらい行き届いたサービスが必要なのだ。気合で覚えること！

ポイント

- 地域密着型サービスの指定・監督は市区町村
- 各地域の特性に応じた柔軟なサービスを実施する

施設サービス

都道府県が指定（許可）・監督

	介護給付（要介護者）
1	指定介護老人福祉施設（入所者は原則要介護3以上）
2	介護老人保健施設（指定ではなく許可）
3	介護医療院（2017年の改正で創設）

Q 要介護１と２の人は指定介護老人福祉施設には入所できないんですか？

A 2015（平成27）年４月より入所要件が厳格化され、新規入所者は原則として要介護３以上とされたぞ。ただし、やむを得ない事情がある場合には要介護１および２の者も入所できる。例外規定は試験で問われやすいから、とくに注意しておくのだ

ケアプランの種類

ケアプランは、原則として要介護認定・要支援認定のあとに作成される

居宅サービス計画	居宅サービスを利用するためのもの。居宅介護支援事業者の介護支援専門員が作成
介護予防サービス計画	介護予防サービスを利用するためのもの。地域包括支援センターの担当職員が作成
施設サービス計画	施設サービスを利用するためのもの。介護保険施設の介護支援専門員が作成

作成に要する費用の自己負担はない（全額保険給付）

介護保険施設

介護保険施設とは、介護保険法に規定される次の施設をいう

施設名	内容
指定介護老人福祉施設	寝たきりや認知症などのため、常時、介護を必要とする高齢者が生活する場
介護老人保健施設	介護を必要とする高齢者に医学的な管理に基づく看護、介護、リハビリテーションなどを行う場
介護医療院	長期にわたる療養・医療ニーズに対応するため、日常的な医学管理や看取り・ターミナルなどの機能と、生活施設の機能を兼ね備えた施設

サービス付き高齢者向け住宅

・状況把握サービスと生活相談サービスを義務づけている
・有料老人ホームに該当する場合、介護保険法上の特定施設の指定を受けることで、特定施設入居者生活介護が提供される

規模	原則、1戸当たりの床面積が25㎡以上
設備・構造	・原則、各戸に台所、水洗便所、収納設備、洗面設備および浴室が設置されていること ・バリアフリー構造になっていること

まるっと暗記しよう

①居宅サービス・施設サービスは都道府県が指定（許可）。
②特定福祉用具と住宅改修は、原則として償還払い。
③ケアプラン作成に要する費用は全額保険給付。

介護保険の利用

社会

介護保険サービスを利用するとき

- 市区町村に申請して、要介護認定または要支援認定を受ける
- 要介護認定・要支援認定は、介護保険被保険者証の交付後に行われる。第1号被保険者は65歳到達月、第2号被保険者は認定申請時または交付の求めがあった人に交付される
- 要介護者と要支援者が介護保険を利用できる
- 利用者の自己負担は1割（一定以上所得のある第1号被保険者は2割または3割）で、残りを保険料で賄《まかな》う

介護保険制度の利用の流れ

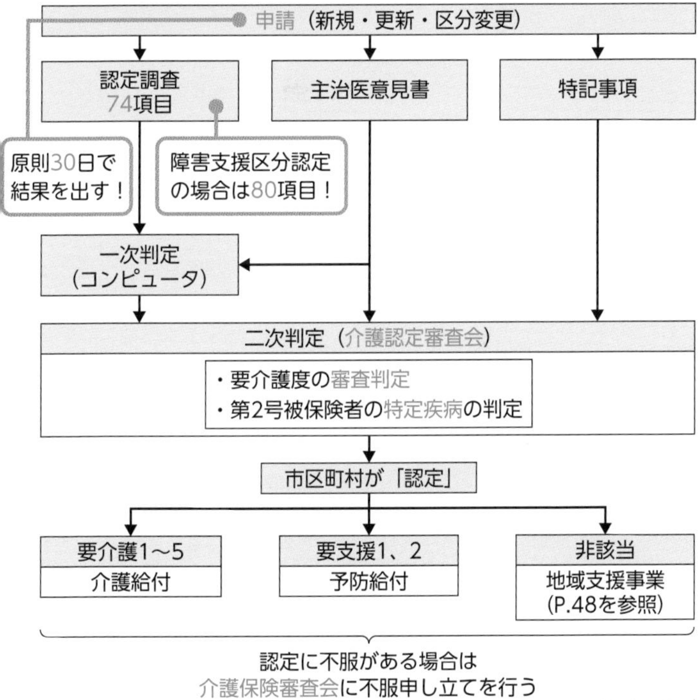

●介護認定審査会と介護保険審査会の違い

	介護認定審査会	介護保険審査会
設置主体	市区町村	都道府県
業務内容	二次判定	認定への不服申し立てに関する審理・裁決

特定疾病

①がん末期

②関節リウマチ

③筋《きん》萎《い》縮《しゅく》性《せい》側《そく》索《さく》硬《こう》化《か》症《しょう》(ALS)

④後《こう》縦《じゅう》靭《じん》帯《たい》骨《こっ》化《か》症《しょう》

⑤骨折を伴う骨《こつ》粗《そ》鬆《しょう》症《しょう》

⑥初老期における認知症

⑦パーキンソン病《びょう》関《かん》連《れん》疾《しっ》患《かん》

⑧脊《せき》髄《ずい》小《しょう》脳《のう》変《へん》性《せい》症《しょう》

⑨脊《せき》柱《ちゅう》管《かん》狭《きょう》窄《さく》症《しょう》

⑩早《そう》老《ろう》症《しょう》
(ウェルナー症候群等)

⑪多《た》系《けい》統《とう》萎《い》縮《しゅく》症《しょう》

⑫糖尿病性神経障害・腎《じん》症《しょう》・網《もう》膜《まく》症《しょう》

⑬脳《のう》血《けっ》管《かん》疾《しっ》患《かん》

⑭閉《へい》塞《そく》性《せい》動《どう》脈《みゃく》硬《こう》化《か》症《しょう》

⑮慢《まん》性《せい》閉《へい》塞《そく》性《せい》肺《はい》疾《しっ》患《かん》（肺《はい》気《き》腫《しゅ》、慢《まん》性《せい》気《き》管《かん》支《し》炎《えん》等）

⑯両《りょう》変《へん》形《けい》性《せい》膝《しつ》（股《(こ)》）関《かん》節《せつ》症《しょう》

たとえば、ALSを発症した50歳代の利用者の場合、障害者総合支援法に基づくサービスよりも介護保険を優先的に利用することとなる。事例問題では、その人の年齢だけでなく疾病についても、しっかり確認するのだぞ

住所地特例

・介護保険は地域保険であり、住民票のある市区町村が保険者となるのが原則（住所地主義）
・介護保険施設等が多い市区町村の財政負担が重くならないよう、対象施設に入所するために住所を施設の所在地に移した場合には、転居前の市区町村が保険者となる（住所地特例）

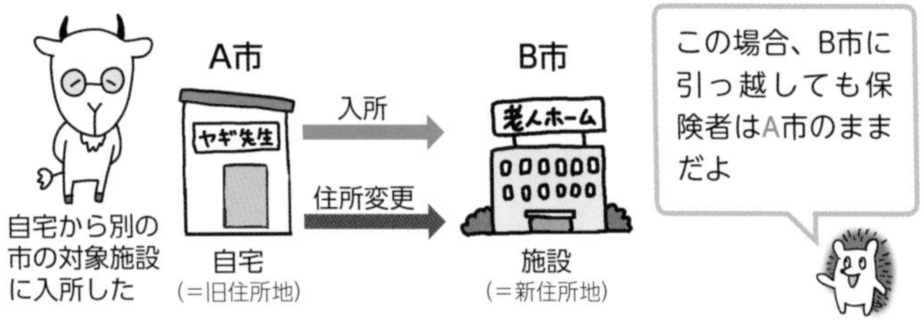

要介護認定の有効期間

申請の区分	原則	有効期間
新規申請	6か月	状態により3か月～12か月
区分変更申請	6か月	状態により3か月～12か月
更新申請	12か月	状態により3か月～48か月

2020年の制度改正で、直前の要介護度と同じ要介護度と判定された場合に適用される

まるっと暗記しよう

①利用者の自己負担は、原則として1割。
②介護認定審査会は、要介護認定等の二次判定を行う。
③特定疾病は、がん末期など16種類。
④介護保険は原則住民票のある市区町村が保険者となる。

16 地域支援事業など

社会

地域支援事業 ― 市区町村が実施する

・被保険者が要介護状態等になることを予防するとともに、要介護状態等になった場合においても、可能なかぎり地域において自立した日常生活を営むことができるよう支援するための事業

・必須事業として介護予防・日常生活支援総合事業、包括的支援事業を実施する。また、地域の実情に応じて任意事業（家族介護支援事業、介護給付等費用適正化事業など）を行う

●介護予防・日常生活支援総合事業

介護予防・生活支援サービス事業		一般介護予防事業	
対象者	事　業	対象者	事　業
要支援者 介護予防・生活支援サービス事業対象者 要介護者※	訪問型サービス 通所型サービス 生活支援サービス 介護予防ケアマネジメント（地域包括支援センターが実施）	すべての第1号被保険者	介護予防把握事業 介護予防普及啓発事業 地域介護予防活動支援事業 一般介護予防事業評価事業 地域リハビリテーション活動支援事業

※認定前から市町村の補助により実施される介護予防・生活支援サービス事業を利用している者に限る

介護予防・日常生活支援総合事業の対象は、どのような人なのでしょうか？

比較的自立度の高い人が対象になるとイメージすればよいぞ

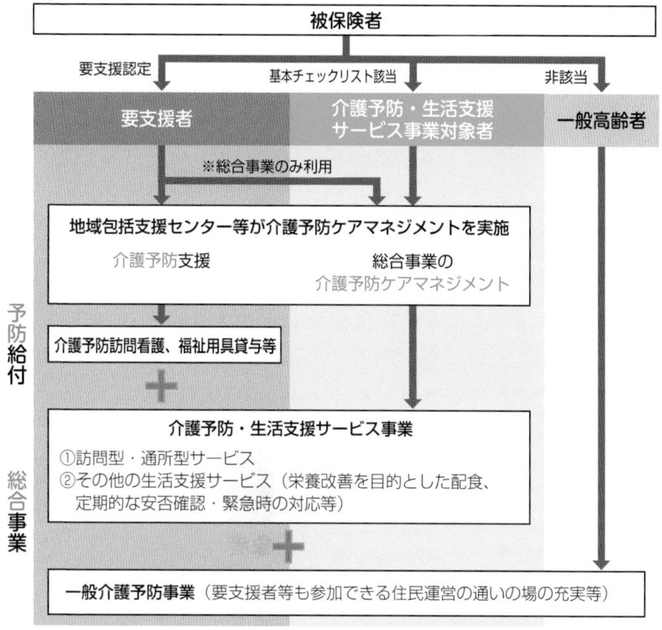

資料：厚生労働省「介護予防・日常生活支援総合事業ガイドライン」を基に一部改変

●包括的支援事業

地域包括支援センターが実施

包括的支援事業	
対象者	事　業
第１号被保険者 第２号被保険者	介護予防ケアマネジメント（要支援者以外） 総合相談支援業務 権利擁護業務 包括的・継続的ケアマネジメント支援業務 在宅医療・介護連携推進事業 生活支援体制整備事業 認知症総合支援事業

2014年の法改正で追加（在宅医療・介護連携推進事業、生活支援体制整備事業、認知症総合支援事業）

生活支援コーディネーター、就労的活動支援コーディネーターを配置

生活支援コーディネーターの役割は何ですか？

介護予防・生活支援サービスの充実と高齢者の社会参加の推進をコーディネートするのだ。試験で問われる可能性が高いから要チェック！

地域包括支援センター

・地域住民の心身の健康の保持と生活の安定のために必要な援助を行うことにより、保健医療の向上および福祉の増進を包括的に支援するための施設
・市区町村または市区町村から委託された法人が運営する

設置する区域も市区町村が判断して設定するのですね！

職員体制

・社会福祉士
・主任介護支援専門員
・保健師

主任になるには研修が必要

地域包括支援センターの職員体制は試験によく出る！

まるっと暗記しよう

①地域支援事業は市区町村が実施する。
②必須事業は、介護予防・日常生活支援総合事業と包括的支援事業の２つ。
③一般介護予防事業は、すべての第１号被保険者が対象。
④包括的支援事業は地域包括支援センターが実施する。
⑤地域包括支援センターに配置されるのは、社会福祉士、主任介護支援専門員、保健師。

17 社会福祉法人、NPO法人

介護

社会福祉法人とは

・**定義**：社会福祉事業（第１種・第２種）を行うことを目的として、社会福祉法に基づいて設立された法人

・**所轄庁**：原則、その主たる事務所の所在地の都道府県知事（社会福祉法第30条に例外規定あり）

設立	認可主義
役員	理事６人以上、監事２人以上
事業	①公益**事業**…日常生活または社会生活上の支援を必要とする者に対して、無料または低額な料金で、福祉サービスを積極的に提供する ②収益**事業**…事業の種類について特別な制限はない。ただし、社会的信用を傷つける恐れがあるもの、または投機的なものは行えない

NPO法人（特定非営利活動法人）とは

・**定義**：不特定かつ多数のものの利益の増進に寄与することを目的として、特定非営利活動法に基づいて設立された法人

・**所轄庁**：原則、その主たる事務所の所在地の都道府県知事

設立	認証主義
役員	理事３人以上、監事１人以上
事業	①特定非営利**活動**…「保健、医療または福祉の増進を図る活動」など、20の活動分野がある ②収益**事業**…特定非営利活動にかかる事業に支障がない限り、収益事業を行うことができる

29,639法人で最多（2023年9月30日現在）

まるっと暗記しよう

社会福祉法人は、公益事業と収益事業を行う。

18 障害者総合支援法など

社会

障害者総合支援法は、障害者基本法の基本的な理念に基づいているぞ

基本理念

・障害の有無にかかわらず、等しく基本的人権を享有する
・地域社会における共生の実現
・社会参加の機会の確保（就労支援の強化）
・生活の場の選択機会の確保
・社会的障壁の除去

障害の有無にかかわらないってことはノーマライゼーション♪

障害者・障害児の定義

・**障害者**：①身体障害者福祉法に規定する身体障害者
②知的障害者福祉法に規定する知的障害者のうち18歳以上の者
③精神保健及び精神障害者福祉に関する法律に規定する精神障害者（発達障害者を含む）のうち18歳以上の者
④治療方法が確立していない疾病その他の特殊の疾病がある18歳以上の者
・**障害児**：児童福祉法に規定する障害児

障害者の範囲に、発達障害者や難病患者なども含まれている

この法律では、難病などで障害者手帳の取得ができないが、一定の障害のある人に対して障害福祉サービスなどを提供している。それにより、難病患者などが利用できるサービスが広がるのだ

サービス利用の流れ

※介護給付を希望する場合

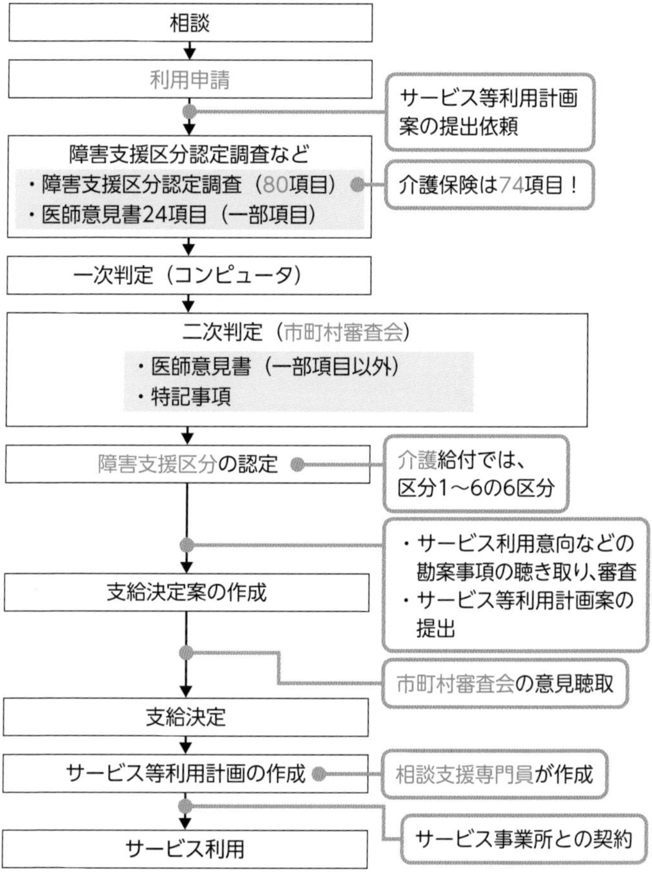

サービスを利用したときは、利用者の負担能力に応じて負担額が決定される。これを「応能負担」と言うのじゃ

障害福祉サービス

サービスの種類によっては、障害児も利用することができるよ

●介護給付

種類	者	児	対象者
居宅介護	○	○	障害支援区分1以上
重度訪問介護	○		重度の肢体不自由、重度の知的障害・精神障害により行動上著しい困難があり、常時介護が必要
同行援護	○	○	視覚障害により移動が著しく困難
行動援護	○	○	知的障害・精神障害により行動上著しい困難があり、常時介護が必要
重度障害者等包括支援	○	○	最重度（障害支援区分6）で、意思疎通を図ることが著しく困難
短期入所	○	○	家族が疾病などで自宅介護が困難
療養介護	○		医療と常時介護が必要
生活介護	○		主に昼間の施設利用で、常時介護が必要
施設入所支援	○		障害者支援施設などに入所している

訓練等給付は、生活能力の向上や就労に向けた訓練などに関する給付だ。利用できるのは障害者だけという点に注意が必要じゃ

●訓練等給付

種類	対象者
自立生活援助	居宅での一人暮らしの生活に不安がある
自立訓練	生活能力の維持・向上などのため、支援が必要
共同生活援助	共同生活住居に入居している障害者
就労移行支援	一般企業などへの就労を希望
就労継続支援	一般企業などでの就労が困難
就労定着支援	就労移行支援などを利用後、一般企業などに就労

法改正により2024（令和６）年４月から、共同生活援助において、一人暮らし等を希望する人への支援や退居後の一人暮らし等の定着のための相談などが追加されたよ

相談支援

・相談支援には、基本相談支援、地域相談支援、計画相談支援の３つがある

基本相談支援		地域の障害者等からの相談に応じ、必要な情報および助言などを提供
地域相談支援	地域移行支援	障害者支援施設等に入所中の障害者などに対し、住居の確保、地域生活に移行するための活動に関する相談など
	地域定着支援	単身で生活する障害者に対し、常時連絡体制の確保や、障害の特性に起因して生じた緊急事態等の場合の相談など
計画相談支援	サービス利用支援	障害福祉サービスの利用申請に基づくサービス等利用計画案の作成や、決定内容に基づくサービス等利用計画の作成など
	継続サービス利用支援	障害福祉サービスを継続して適切に利用できるよう、一定期間ごとに利用状況を検証し、必要に応じて計画の見直し

障害児支援

・障害児は、障害者総合支援法だけでなく、児童福祉法に基づく障害児支援も利用できる
・市町村が実施主体となる障害児通所支援と障害児相談支援、都道府県が実施主体となる障害児入所支援がある

まるっと暗記しよう

障害者に関するマーク

障害者のための国際シンボルマーク

すべての障害者が利用できる建物、施設であることを明確に表すための世界共通のシンボルマーク

盲人のための国際シンボルマーク

世界盲人連合で1984年に制定された盲人のための世界共通のマーク

身体障害者標識

普通自動車免許を取得した者で、肢体不自由であることを理由に免許に条件を付されている者が運転する車に表示するマーク

聴覚障害者標識

普通自動車免許を取得した者で、政令で定める程度の聴覚障害であることを理由に免許に条件を付されている者が運転する車に表示するマーク

ヘルプマーク

義足や人工関節の使用者、内部障害者など、外見からわからなくても援助や配慮を必要としている人が周囲に知らせるためのマーク

オストメイトマーク

人工肛門《こうもん》・人工膀胱《ぼうこう》を造設している人（オストメイト）のための設備があることを表すマーク

19 社会福祉士及び介護福祉士法

介護

歴史

ADL（日常生活動作）に応じた介護から、QOL（生活の質）を重視する介護へと変わったのだ！

- 1987（昭和62）年に施行
- 2007（平成19）年と2011（平成23）年に改正

ポイント

ココは重要！！

2007年の改正内容	・介護福祉士の業務について、「入浴、排せつ、食事その他の介護」から「心身の状況に応じた介護」に改められた ・資質向上の責務、誠実義務が規定された
2011年の改正内容	・一定の研修を受けた介護福祉職が、一定の条件下で喀痰吸引《かくたんきゅういん》等ができるようになった（P.116を参照）

介護福祉士の介護の対象と業務内容

介護の対象者	身体上または精神上の障害があることにより日常生活を営むのに支障がある者
業務内容	①対象者の心身の状況に応じた介護（喀痰吸引等を含む） ②対象者およびその介護者に対する介護に関する指導

介護福祉士は、介護だけじゃなくて、介護に関する指導もするんですね！ 責任重大だ！

介護福祉士が医療的ケアを行う条件

・医師の指示の下に行われる
・痰の吸引は、「口腔内《こうくうない》」「鼻腔内《びくうない》」「気管《きかん》カニューレ内部」
・経管栄養は、「胃ろう」「腸ろう」「経鼻経管栄養《けいびけいかんえいよう》」

介護福祉士の義務規定と罰則規定

義務規定

義務など	内容
誠実義務	個人の尊厳を保持し、自立した日常生活が営めるよう、常にその者の立場に立って誠実に業務を行わなければならない
信用失墜行為の禁止	介護福祉士の信用を傷つけるような行為をしてはならない
秘密保持義務	正当な理由なく、業務上知り得た人の秘密を漏《も》らしてはならない。介護福祉士でなくなった後も同様
連携	福祉サービス提供者、医師その他の保健医療関係者などとの連携を保たなければならない
資質向上の責務	業務内容の変化に適応するために、介護などに関する知識および技術の向上に努めなければならない
名称の使用制限	介護福祉士でない者は、介護福祉士という名称を使用してはならない

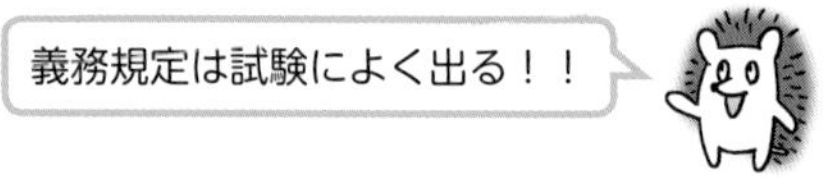
義務規定は試験によく出る！！

ウカルちゃんといっしょ 義務規定、○×クイズの巻

かあさん
205号室のヤギさんがね…
あるある…
秘密保持義務
ニ違反!
私たちが協力するから
大丈夫!
連携!!
頼もしいの〜
今日から私も
介護福祉士だ〜!!
登録証
合格証
名称/
使用OK!!
今日から何もしなくていいんだ〜
合格証
&
登録証
ZZZ…
資質向上/
責務アリ!!

●罰則規定

義務規定	罰則内容
信用失墜行為の禁止の違反	登録の取り消し　または　期間を定めて介護福祉士の名称使用制限
秘密保持義務の違反	・1年以下の懲役《ちょうえき》　または　30万円以下の罰金 ・期間を定めて介護福祉士の名称使用制限
名称の使用制限の違反	30万円以下の罰金

介護福祉士登録ができない者

・成年被後見人または被保佐人
・禁錮《きんこ》以上の刑または罰金の刑に処せられ、執行が終わってから2年を経過していない者
・介護福祉士登録を取り消されてから2年を経過していない者

規則性で覚えよう

2年経過すれば、介護福祉士に登録できる

まるっと暗記しよう

①介護福祉士は対象者の心身の状況に応じた介護（喀痰吸引等を含む）を行う。
②介護福祉士は介護に関する指導を行う。
③介護福祉士は、退職後も秘密を漏らしてはならない。
④介護福祉士の資格は名称独占である。
⑤秘密保持義務に違反すると、懲役または罰金が科される。

20 日常生活自立支援事業

社会

日常生活自立支援事業とは

実施主体	都道府県社会福祉協議会または指定都市社会福祉協議会
窓口業務	市区町村社会福祉協議会
事業内容	①福祉サービスの利用開始や中止の手続きの援助 ②福祉サービスについての苦情解決制度の利用援助 ③住宅改造、居住家屋の賃借《ちんしゃく》など、行政手続きなどに関する援助 ④福祉サービス利用料支払い手続きと、上記に伴う日常的金銭管理
利用できる人	・認知症高齢者、知的障害者、精神障害者など、判断能力が不十分な人 ・契約内容が理解できる人

「社会福祉法」では、福祉サービス利用援助事業(第２種社会福祉事業)という名称なんですね。なんだかややこしくて混乱しちゃいそうです

日常生活自立支援事業は、ほぼ毎年出題される重要項目だ。問題は基本的な部分が問われているだけだから、心配は無用だぞ

「実施主体」と「利用できる人」は絶対覚えよう

支援するのは誰？

・専門員：初期相談、利用援助契約、支援計画の作成などをする
・生活支援員：具体的援助を提供する

→ 事業の実施主体と雇用契約を結んで利用者のもとへ派遣される

規則性で覚えよう

専門員は、プランを作成するコーディネーター

専門員：支援計画を作成する
介護支援専門員：介護保険のケアプランを作成する
相談支援専門員：サービス等利用計画を作成する。障害者などの相談に応じる

まるっと暗記しよう

①事業の実施主体は、都道府県・指定都市社会福祉協議会。
②利用対象は、認知症などで判断能力が不十分だが契約内容が理解できる人。
③事業内容は、福祉サービス・苦情解決制度の利用援助などである。
④専門員は、初期相談、利用援助契約などを行う。

21 成年後見制度

社会

成年後見制度の要点

- 家庭裁判所に申し立てを行う
- 家庭裁判所は、法定後見人や法定後見監督人を選任する
- 法定後見制度と任意後見制度がある
- 本人に代わって、財産管理や身上監護（介護契約や入院契約）を行う

被後見人の介護は事業の対象外

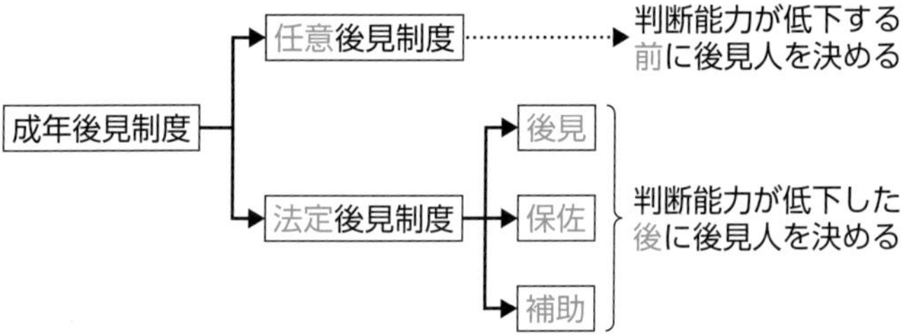

法定後見制度の概要

利用できる人	認知症や精神障害、知的障害などにより、判断能力が不十分な人
申し立て人	・本人、配偶者、４親等内の親族 ・検察官、市区町村長など

Q 任意後見制度の利用手続きはどうするのですか？

A 判断能力が十分あるうちに、①本人が友人などを任意後見人に指定、②本人と任意後見人が公正証書で契約を締結し、③公証人が法務局へ後見登記を申請するのじゃ。その後、本人の判断能力が不十分になった際には、家庭裁判所に申し立てることで任意後見監督人が選任されて、任意後見制度が利用できるようになるぞ

法定後見制度の類型

	後見	保佐	補助
本人の判断能力	低 ←	判断能力	→ 高
	欠けている	著しく不十分	不十分
後見人の名称	成年後見人	保佐人	補助人
後見人	配偶者、親族、弁護士、司法書士、社会福祉士、社会福祉法人などの法人など		

日常生活自立支援事業と成年後見制度の違い

	日常生活自立支援事業	成年後見制度
根拠法	社会福祉法	民法
対象者	判断能力が不十分だが、契約内容を理解できる者	判断能力が不十分な者
対象者の判定	契約締結審査会	家庭裁判所
申し立て(申請)人	本人	本人、配偶者、4親等内の親族、市区町村長など
申し立て(申請)先	都道府県・指定都市社会福祉協議会	家庭裁判所
事業内容	福祉サービス・苦情解決制度の利用援助、行政手続などに関する援助など	財産管理、身上監護

まるっと 暗記しよう

法定後見制度は、後見、保佐、補助の３類型。

22 高齢者虐待防止法

尊厳 社会

高齢者虐待防止法とは

- 2006（平成18）年に施行された
- この法律の高齢者とは、65歳以上の者をいう
- 養護者による虐待《ぎゃくたい》と、養介護施設従事者等による虐待がある

有料老人ホームや介護保険施設等に従事する者

高齢者虐待の種類

①身体的虐待、②心理的虐待、③性的虐待、④ネグレクト（放《ほう》棄《き》・放置）、⑤経済的虐待

虐待を見つけた場合

①命にかかわる場合…通報義務
②それ以外…通報努力義務
③養介護施設従事者等による虐待…通報義務

通報先は市区町村

市区町村の対応

通報を受けた市区町村は、虐待の事実確認を行い、必要に応じて立入調査や虐待を受けた高齢者の一時保護などの措置を講ずる

Q 立入調査って何ですか？

A 情報収集や事実確認調査により高齢者の生命・身体の安全が確認できない場合に実施される調査なのだ。必要に応じて警察署長に援助を依頼したり、医療職の同行を検討したりすることもあるぞ

虐待されるのは女性が多い。身体的虐待、息子による虐待が一番多い

高齢者虐待の現状

項目	養介護施設従事者等による虐待	養護者による虐待
被虐待者	男性＜女性 （女性が約７割） 85～89歳が最多	男性＜女性 （女性が８割弱） 80～84歳が最多
虐待の種類	①身体的虐待 ②心理的虐待 ③介護等放棄 ④経済的虐待 ⑤性的虐待	①身体的虐待 ②心理的虐待 ③介護等放棄 ④経済的虐待 ⑤性的虐待
虐待者	①介護職 ②看護職 ③管理職 ④施設長	①息子 ②夫 ③娘 ④妻 （上位３位は覚えておく！）
相談・通報者	①当該施設職員 ②当該施設管理者等 ③家族・親族	①警察 ②介護支援専門員 ③家族・親族
相談・通報件数	2,795件 （前年度より16.9％増）	38,291件 （前年度より5.3％増）

資料：令和４年度　高齢者虐待の防止、高齢者の養護者に対する支援等に関する法律に基づく対応状況等に関する調査結果

ストーリーで覚えよう

女性のほうが長生きする→高齢の女性が多い→虐待されるのも女性が多い

身体拘束は虐待に該当するのですか？

当然だ！

身体拘束の禁止

・緊急やむを得ない場合を除き、原則的に禁止されている

①切迫性、②非代替性、③一時性

この３つの要件を満たした場合に限り、身体拘束が認められる

・緊急やむを得ず身体拘束を行う場合、利用者や家族への説明手続きが必要
・身体拘束を行った場合、拘束の態様・時間、利用者の状況、緊急やむを得ない理由を記録する
・上記の記録は、２年間保存しなければならない

ヤギ先生のプチ講座

身体拘束は事故予防のため…？

身体拘束禁止の対象となる具体的な行為のなかには、「事故予防」という視点で考えると、ついやってしまいそうなものも含まれている。しかし、事故予防とはいえ、拘束は、利用者の尊厳や人権を侵すことになるのだ。それに、高齢者の身体機能を低下させることにもつながる。拘束を減らすための工夫をしたり、職員全員で身体拘束についての意識を変えていくことが大切だぞ

身体拘束禁止の対象となる具体的な行為

①徘徊《はいかい》しないように、車いすやいす、ベッドに体幹《たいかん》や四肢《しし》をひも等で縛る

②転落しないように、ベッドに体幹や四肢をひも等で縛る

③自分で降りられないように、ベッドを柵《さく》（サイドレール）で囲む

④点滴・経管栄養等のチューブを抜かないように、四肢をひも等で縛る

⑤点滴・経管栄養等のチューブを抜かないように、または皮膚《ひふ》をかきむしらないように、手指の機能を制限するミトン型の手袋等をつける

⑥車いすやいすからずり落ちたり、立ち上がったりしないように、Y字型抑制帯や腰ベルト、車いすテーブルをつける

⑦立ち上がる能力のある人の立ち上がりを妨《さまた》げるようないすを使用する

⑧脱衣やおむつはずしを制限するために、介護衣（つなぎ服）を着せる

⑨他人への迷惑行為を防ぐために、ベッドなどに体幹や四肢をひも等で縛る

⑩行動を落ち着かせるために、向精神薬を過剰に服用させる

⑪自分の意思で開けることのできない居室等に隔離する

まるっと 暗記しよう

①虐待を発見した場合、市区町村に通報する。

②養介護施設従事者等による虐待の場合、通報は義務。

③市区町村は、虐待の事実確認、立入調査等を行う。

④虐待の種類で最も多いのは、身体的虐待。

⑤虐待者で最も多いのは、介護職と息子。

⑥車いすなどに体幹や四肢をひも等で縛るのは身体拘束。

23 障害者虐待防止法

尊厳　社会

障害者虐待防止法とは

・2012（平成24）年に施行された
・この法律の障害者とは、身体障害、知的障害、精神障害（発達障害を含む）のある者
・養護者による虐待、障害者福祉施設従事者等による虐待、使用者による虐待がある

障害者を雇用する事業主または事業の経営担当者など

障害者虐待の種類

①身体的虐待、②心理的虐待、③性的虐待、④ネグレクト（放棄・放置）、⑤経済的虐待

フレーフレー

高齢者虐待の種類と同じだから覚えやすいですね！

障害者虐待を見つけた場合

虐待者	通報先
養護者	市区町村
障害者福祉施設従事者等	市区町村
使用者	市区町村または都道府県

通報義務

こっちは高齢者虐待の場合とは違うから注意が必要だぞ。こういうところは試験に出やすいから要注意だ！

虐待者によって通報先がちがーう！

まるっと暗記しよう

障害者虐待には、使用者による虐待もある。

24 医療法

社会

医療法が規定するもの

①病院、診療所などの開設や監督
②医療提供体制の確保について
③インフォームド・コンセントに関すること　など

医師が治療を始める前にその内容を患者に説明し、同意を得ること

2014（平成26）年の改正は、在宅医療の充実などが目的だったのね

病院と診療所の違い

施設名		病床数
病院		20床以上
診療所	無床	0床
	有床	1～19床

ちなみに、調剤薬局や介護老人保健施設も、病院や診療所と同様に医療法上の医療提供施設なのだ！

特定機能病院と地域医療支援病院の違い

	特定機能病院	地域医療支援病院
役割	高度な医療を提供する、高度な医療技術の開発、研修の実施など	紹介患者への医療の提供、医療機器の共同利用の実施、救急医療の提供、地域の医療従事者への研修の実施など
承認者	厚生労働大臣	都道府県知事

まるっと暗記しよう

①病院の患者数は20床以上、診療所は0～19床。
②地域医療支援病院の承認は都道府県知事が行う。

ウカルちゃんといっしょ 解法のテクニック伝授の巻

介護福祉士国家試験のような択一式の問題の解法は、
消去法が有効じゃ
消去法?
易
誤りの選択肢を見つける
これは間違い!
難
正答の選択肢を断定する
これは正しい!
1
間違い部分を探してツッコミを入れるのだ
さっそくやってみよう~!
こんな感じかな?
なんでやねん!
2
さぁ、この問題の間違いはどこかわかるかな?
公助は、社会保険のように制度化された相互扶助をいう
ここが✕
社会保険は共助でしょ!
バシッ
公助ハ、自助、互助、共助デハ対応デキナイ生活困窮ニ対応スルンダヨネ
3
次はこれだ!
自助は、社会保障制度に含まれる
ここが✕
含まれないでしょ!
バシッ
自助ハ、自ラ生活ヲ維持スルコトダネ
4

ヤギ先生の特選チェック

	問題	答え
1	アドボカシーとは、利用者を代弁することである。	○
2	福祉三法は昭和20年代に成立した。	○
3	介護保険は社会扶助である。	× 社会保険
4	部門別社会保障給付費は、医療が最多である。	× 年金
5	国民年金は自営業者や学生などが加入する。	○
6	後期高齢者医療の保険者は、都道府県の広域連合である。	○
7	求職者給付は失業等給付に分類される。	○
8	通勤災害は健康保険の適用となる。	× 労災保険
9	社会手当の主な財源は租税である。	○
10	育児休業は分割して２回取得ができる。	○
11	生活扶助は現物給付である。	× 金銭給付
12	介護保険制度の財源は、保険料と公費である。	○
13	居宅サービスは都道府県が指定・監督する。	○
14	要介護１の人は介護医療院を利用できない。	× 利用できる
15	介護保険施設は老人福祉法に規定される。	× 介護保険法
16	介護保険審査会は市区町村に設置される。	× 都道府県
17	包括的支援事業は任意事業である。	× 必須事業
18	社会福祉法人の監事は２人以上必要である。	○
19	就労継続支援は、一般企業などでの就労が困難な障害者が対象である。	○
20	介護福祉士には資質向上の責務がある。	○
21	配偶者は、法定後見制度の申し立て人になることができる。	○
22	高齢者で虐待されるのは男性が多い。	× 女性
23	障害者虐待を発見した者には通報義務がある。	○

医学系

ウカルちゃんといっしょ　医学系は重要な科目の巻

いよいよ医学系の勉強じゃ！
人の命を預かる介護福祉士にとって、重要な科目じゃから、しっかり学ぶのじゃぞ！
医学的な知識は根拠のある介護につながりますからね！
了解です！
ビシッ
試験がんばるぞ！
えっ？
ゴオオオォ
問題は下記です
Q　ALSの主症状として適切なものは…
1　嚥下障害
2　眼球運動障害
3　膀胱・直腸機能障害
漢字ばっかりで頭がクラクラする。丁寧に覚えなくては！
嚥下
膀胱
障害
よぉ〜し、未来の利用者のためにも
勉強、勉強！
バリ
バリ
がんばるのじゃ

そして試験当日・・・
Q
認知症のBPSDでよくみられる症状で・・・
記憶障害
ご飯は食べたかのう？
物盗られ妄想
ウカルが杖を盗った！
収集癖
わしの宝物じゃ！
パンパカパーン！
合格
ウカル
よくやったな、ウカル！
（を）イメージしながら覚えました！
パチパチ
丁寧に覚えていくことは、介護現場でも活かされるぞ！
ねっ！

医学系

1 乳幼児の発達

発達

言語の発達

乳幼児は、周囲の人が話す言葉を聞き、学び始める。1歳頃に初語《しょご》がみられ、発話できる単語数は2歳頃までに300語程度、3～4歳で1,000語程度。4～5歳で日常会話が可能となり、一応の完成となる

言語の種類	発現時期	特徴
クーイング	生後2か月頃	「アー」「ウー」などの音声
喃語《なんご》	生後6か月頃	「ダーダー」「バーバー」など、意味をもたない発語
初語	1歳頃	最初に発する語。「マンマ」「ママ」「ブーブー」など
一語文	1歳～1歳半	1単語の発語。「ワンワン」(＝犬がいる)、「クック」(＝靴が脱げた) など
語彙《ごい》爆発	1歳半頃	発話できる単語数が急激に増加
二語文	1歳半～2歳頃	2単語をつなげた発話。「ゾウさん　来た」「ブーブー　ないない」など
多語文	2歳頃	3単語以上をつなげた発話。動詞も活用可。「ママ　今日　来ない」など

社会性の発達

新生児（生後28日未満）は自他の区別が困難だが、経験を積み重ねることで、自己と他者や環境を認識できるようになる

社会性の種類	発現時期	特徴
二項関係	生後２～４か月	「自分とおもちゃ」「自分とママ」のように１つの対象としか関わりをもてないこと
３か月微笑（社会的微笑）	生後３か月頃	周囲の人に微笑み返すこと
人見知り	生後８か月頃	見知らぬ人に対して不安を感じ、泣いたり顔を背けたりすること
社会的参照	１歳頃	経験したことのないものや人、出来事に出会ったときに、信頼できる大人の表情や様子を参考に行動を決めること
自己中心性	２～６歳頃	乳幼児に特有な自分を中心に物事を捉える認知様式

生後9か月頃になると、「自分」「他者」「対象」という三項関係に発展する

医学系

まるっと 暗記しよう

①クーイングは、生後２か月頃にみられる。
②喃語は生後６か月頃にみられる意味をもたない発語。
③二語文は、１歳半～２歳頃にみられる２単語をつなげた発語。
④３か月微笑は、周囲の人に微笑み返すこと。
⑤二項関係は、１つの対象としか関わりをもてないこと。
⑥自己中心性は、自分を中心に物事を捉える認知様式。

2 適応と適応機制

こころ

適応《てきおう》機《き》制《せい》とは、欲求不満を別のものに置き換えることで自分を満足させる無意識の行動や態度のことだ

適応機制の種類

適応機制にはたくさんの種類があると言われており、逃避や抑圧などの逃避機制、合理化、置き換え、補償、反動形成などの自我防衛機制、攻撃機制の３つに大きく分けられる

ウカルちゃんといっしょ 適応機制がはたらくの巻

グスン
しばらく旅に出ます。さがさないでください
ウカル
0点
トーヒダナ
逃避だな…

つらい現実から逃げ出すこと

ケーキ食べたいな～
ダメ、ダメ、宿題、宿題…
抑圧だな～
ヨクアツヨクアツ
ズズッ

我慢して考えないようにすること

まるっと暗記しよう

適応機制は、逃避、自我防衛、攻撃の３つに大別される。

フラれちゃった…
べべべべ別に私もそんなに好きじゃなかったし…
えっぐ
えっぐ
合理化だな！
ゴーリカダナ～
ズズッ

失敗しても理由をつけて正当化すること

休けいしてる
宿題したか？
だけなのに～！
置キ換エダネ…

欲求の対象が別のものに
置き換えられること

釣りなら先生に負けないもんね！
それが補償だよ…
第1回大物釣り大会
ま、負けた
ザバーーッ
先生ノ魚チッチャ！

失敗したり、劣等感を抱いたりしても、
他の分野を磨いて優越感を得ること

しっかり勉強しろ！
喝！
先生なんか
キライダ～！
ウカル
朝だよ～
あれは反動形成だな
素直でないのう…
カッカッ
カッカッ
エ、ソウナノ!?

考えとは逆の行動をしてしまうこと

3 人間の欲求

こころ

マズロー（Maslow,A.H.）の欲求階層説

人間の欲求を5段階に分け、ピラミッド型の階層で示した。人間は、生命維持に必要な低次の欲求が満たされると、次の高次の欲求に向かって行動するというもの

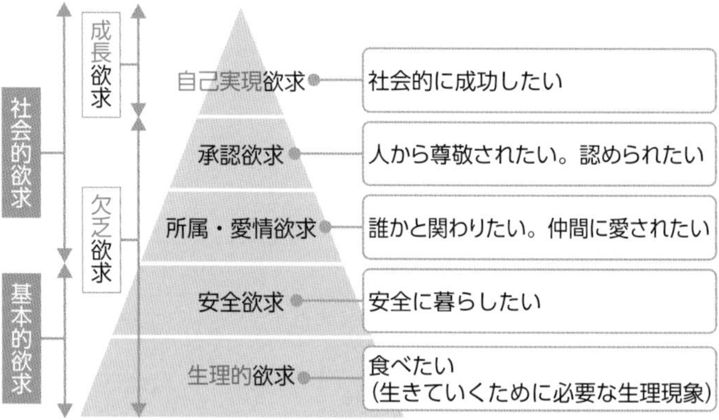

まるっと暗記しよう

①欲求階層説の最上位は、自己実現欲求である。
②欲求階層説の最下位は、生理的欲求である。
③誰かと関わりたいという欲求は所属・愛情欲求である。

4 学習と記憶のしくみ

こころ

学習の類型

学習は、行動療法の基本的な原理だ

- **古典的条件づけ**…「パブロフの犬」に代表される、「餌《えさ》を与えると唾液が出る」という無条件の反応に、「音を鳴らす」などの刺激を加え続けると、刺激だけでも反応が生じるようになる
- **道具的条件づけ**…「レバーを押す（行動）と、餌が出る（結果）」といった状況・環境の中、偶然レバーに触り餌が摂取できたなど、行動と結果の経験を繰り返すことで学習する過程のこと

ワーキングメモリー

脳の前頭前野と関わりが深いため、加齢により衰えやすい

作業記憶とも呼ばれ、理解、学習、推論など認知的課題の遂行中に情報を**一時的**に保持しつつ、同時に処理する能力

例：メニューの中からいくつか候補を覚えながら注文する

記憶の種類

脳に蓄えられている時間によって分けられる

記憶の種類	説明
感覚記憶	感覚器から入ってくる無意識の刺激情報。１秒程度保持
短期記憶	一時的な記憶。リハーサル（何度も反復）しないと忘却する
長期記憶	長期間保持される記憶
意味記憶	一般的な**知識**や概念の記憶
エピソード記憶	実際の**経験**や**出来事**の記憶
手続き記憶	身体で覚えた技術や技能の記憶

リハーサルすることで長期記憶へ

エピソード記憶：加齢の影響を受けやすい

手続き記憶：加齢の影響を受けにくい

まるっと 暗記しよう

手続き記憶は、身体で覚えた技術や技能の記憶。

5 骨の名称と高齢者に多い骨折

こころ

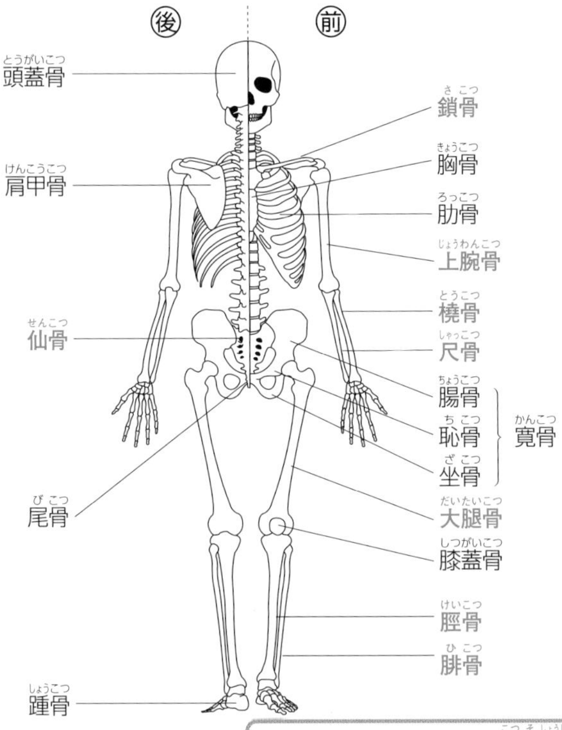

高齢者に多い骨折

原因のほとんどは、転倒と骨粗鬆症《こつそしょうしょう》

上腕骨近位端骨折	転倒、ふらつきによる体幹前面の強打
橈骨遠位端骨折	転倒時に手をつく
脊椎圧迫骨折	しりもち、転倒
大腿骨頸部骨折	転倒や移乗介助時に脚《あし》をねじる捻転《ねんてん》骨折

まるっと暗記しよう

骨折の原因のほとんどは、転倒と骨粗鬆症。

6 脳と脳神経のしくみ

こころ

医学系

大脳皮質の部位

大脳皮質は、部位によって機能が異なる。これを**機能局在**という

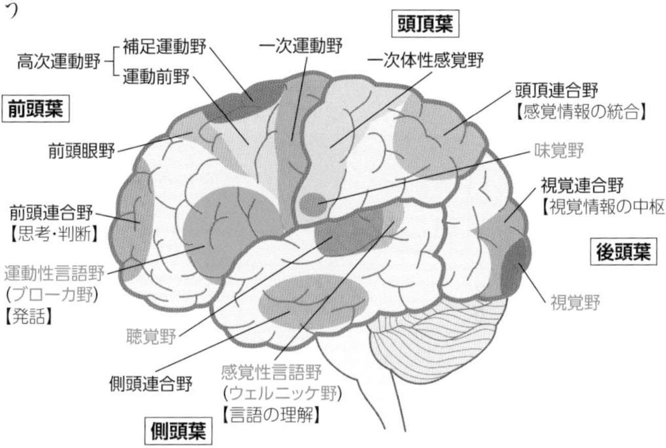

脳の機能

記憶をつかさどるのは、大脳辺縁系にある**海馬**や扁桃体

部位		機能
大脳(半球)		①情報の認識と運動を指令する一時的働き ②より高度な働き(知能・**記憶**・思考・意思)
小脳		筋力の微妙な調整や筋緊張の制御。バランスの中枢
間脳		自律神経の最高位中枢(視床、視床下部から成る)
脳幹	中脳	視覚反射や眼球運動に関する反射の中枢
	橋	小脳と脳幹の橋渡し。運動を調整。覚醒の中枢
	延髄	呼吸・心拍・血圧などの中枢

神経の種類

中枢神経《ちゅうすうしんけい》	脳と脊髄のこと。刺激を受け、身体に指令を出す
末梢神経《まっしょうしんけい》	中枢神経と全身の各部とを連結する神経
自律神経	一般に交感神経と副交感神経で構成され、内臓や分泌《ぶんぴつ》などを調整する神経

●自律神経の働き

交感神経		副交感神経
速い	**心拍**	遅い
収縮	**血管**	拡張
上昇	**血圧**	下降
速い	**脈拍**	遅い
速い	**呼吸**	遅い
抑制	**消化活動**	促進
弛緩	**気道**	収縮
散大	**瞳孔**	縮小

交感神経は運動などの活動時、副交感神経はリラックスしている時に働くのだ

だから、ほっとした瞬間にお腹が空くんですね！

まるっと暗記しよう

①記憶をつかさどるのは、海馬や扁桃体。
②交感神経は活動時、副交感神経はリラックス時に働く。

7 循環器系・血液のしくみ

こころ

医学系

心臓の構造と血液の流れ

・心臓：心房（右心房、左心房）と心室（右心室、左心室）で構成
・冠動脈：心筋に栄養や酸素を送る
・肺動脈：静脈血が流れる
・肺静脈：動脈血が流れる

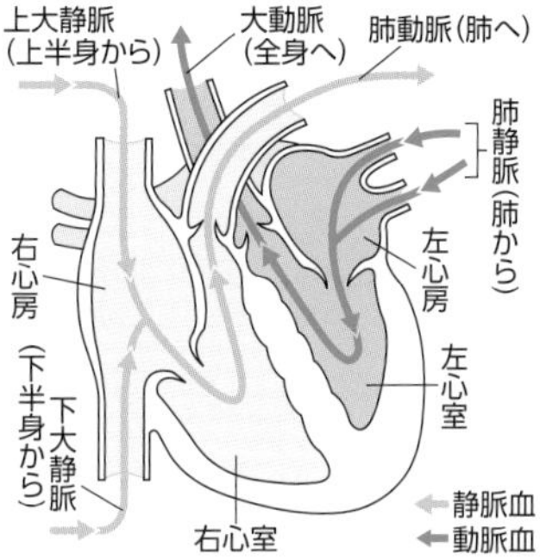

血液がサラサラのほうが、身体中に栄養が行きわたりやすいんですね！

血液の成分と役割など

身体中に栄養と酸素を運搬《うんぱん》し、不要物と栄養素を回収する

成分		役割など
血しょう（約55%）		血液から血球を取り除いた液体成分
血球（約45%）	赤血球	酸素の運搬
	白血球	細菌などの処理、免疫作用《めんえきさよう》
	血小板	止血作用《しけつさよう》

まるっと 暗記しよう

①赤血球は酸素の運搬に関わる。
②白血球は免疫作用に関わる。
③血小板は止血作用に関わる。

8 摂食・嚥下のしくみ

こころ

摂食・嚥下とは

・摂食：口から食物を取り込むこと
・嚥下《えんげ》：食物を飲み込むこと
・嚥下運動：食物を口腔《こうくう》から胃まで運ぶ一連の運動

摂食・嚥下の過程

過程	内容	補足
先行期	食べ物を認知し、消化のために唾液《だえき》が分泌される	
準備期	食塊《しょっかい》を形成する	口腔で食物を粉砕し唾液と混合させて、嚥下しやすい食塊をつくる
口腔期	舌で食塊を咽頭《いんとう》に送り込む	食塊の通過時、喉頭は舌骨上筋群により挙上される
咽頭期	嚥下反射により食塊が咽頭から食道へ送られる。嚥下性無呼吸がみられる	
食道期	食塊を食道から胃へ移送する	この間の食物の移送は、平滑筋の蠕動《ぜんどう》運動によって無意識に行われる

※いずれの過程が障害されても嚥下障害（むせる・つかえる）が起こる

まるっと 暗記しよう

①摂食は口から食物を取り込み、嚥下は飲み込むこと。
②摂食・嚥下の先行期では、唾液が分泌される。
③摂食・嚥下の準備期では、嚥下しやすい食塊がつくられる。

9 老化に伴う心身の変化

発達

医学系

老化に伴う心身の変化

①ホメオスタシスの働きが低下	⇒	全身状態が悪化
②複数の疾患を合併	⇒	慢性化
③回復が遅い	⇒	重症化
④病気の症状が現れにくい（無症状、非定型的）	⇒	重症化
⑤渇中枢の機能が低下	⇒	脱水症状
⑥腎臓機能が低下	⇒	薬剤の副作用が起こりやすい

Q 症状が非定型的だと、なぜ重症化するんですか？

A たとえば、一般の成人が肺炎を起こしたら発熱するだろう？　しかし、高齢者では発熱がみられないことがよくあるのだ。すると本人や周囲が気づかず対応が遅れ、致命的な状況に陥ることがある。介護福祉職は利用者の様子をよく観察して、少しでも様子がいつもと違うと感じたら、医療職に連絡することが大切なのだ

イメージで覚えよう

「高齢者は疾患が慢性化しやすく、重症化しやすい」

ズキズキ
アタタッ
なかなか治らないな…
ズルズル
ズキズキ
回復が遅いから重症化するかも…
慢性化ダネ〜

感覚機能の変化

平衡感覚が鈍化すると、転倒の危険性が高まるぞ

視覚・聴覚・味覚・平衡感覚・皮膚感覚などの感覚機能は、個人差があるものの、一般的に老化に伴って鈍化する

感覚	老化に伴う変化
視覚	老眼、視野狭窄《きょうさく》、明暗順応の低下、色覚の鈍化など
聴覚	高音域から低下、感音性難聴、弁別機能の低下など
平衡感覚	バランス能力の低下、めまい
皮膚感覚	温度感覚・痛覚の鈍化

加齢に伴って色覚が鈍化すると、白と黄色、青と緑といったコントラストの弱い色は識別が困難になるよ。赤と白のようにコントラストの強い色は目にとまりやすいよ

高齢者に多い目の疾患

疾患名	症状	治療
白内障《はくないしょう》	水晶体の白濁。視力低下	手術で改善
緑内障《りょくないしょう》	眼圧の上昇、視神経の障害、視野が欠ける	視力の改善困難
加齢黄斑変性症《かれいおうはんへんせいしょう》	視野の中心が暗く見える、ゆがんで見える	治療困難
糖尿病性網膜症《とうにょうびょうせいもうまくしょう》	高血糖状態による視力低下・失明の危険	視力の改善困難
網膜色素変性症	夜盲《やもう》から始まり、視野狭窄、視力低下	根治治療なし

耳の構造と役割

耳の構造	役割
外耳《がいじ》	伝音（音を集め、伝える）
中耳《ちゅうじ》	伝音（音を骨振動に変換し、伝える）
内耳《ないじ》	感音（神経を介し、音を大脳の聴覚野に伝える）、平衡感覚

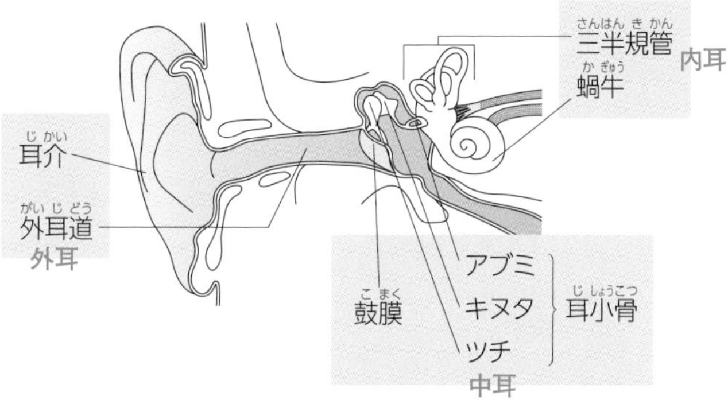

●難聴の種類

難聴	原因
伝音性難聴	外耳、中耳の障害
感音性難聴	内耳を含めた内部の障害
混合性難聴	伝音性、感音性の両方の障害が同時に進行する

●めまいの種類

疾患名	症状	対応
良性発作性頭位めまい症	頭を動かしたときに、回転性めまいを感じる	安静で軽快。ストレス改善や体調を整える
メニエール病	繰り返す回転性めまいと、耳鳴り、難聴	内耳の治療（発作が続くと難聴の危険性大）

Q 「老人性難聴」というのも、難聴の一種ですか？

A 老人性難聴は、感音性難聴であることが多い。耳の内部が障害されることによって起こるため、改善するのが難しいとされる。特徴として、高音域のほうがより聞きとりにくいということがあげられるぞ

イメージで覚えよう

「高齢者は、ヒソヒソ声のほうが聞きとりやすい」

ヒソヒソ
先生の肉まん食べちゃおうよ…
キヒヒッ
ズ
モモモモ……
ウ、ウシロ!?
よ～く聞こえているぞ…

老化に伴う味覚の変化

5つ目の味覚として、旨味を入れる傾向もあるぞ

- 味覚は、舌の味蕾《みらい》で感じる
- 味覚の基本：①甘味、②塩味、③酸味、④苦味の４種
- 味覚の低下は個人差が大きく、疾病や感覚器の変性、味蕾の数の減少などが原因で起こることがある
- 高齢者の場合、唾液分泌量の減少や薬剤の副作用などにより、味覚異常が引き起こされることもある

フレイル（虚弱）

・加齢により心身の活力（運動機能や認知機能など）が低下しているが、適切な介入・対策を行えば生活機能の維持向上が可能な状態像
・健康な状態と日常生活でサポートが必要な介護状態の中間期
・QOLが低下するほか、合併症を引き起こす危険がある

●フレイルの基準

5項目のうち、3つ以上該当はフレイル、1つまたは2つ該当はプレフレイル

項目	評価基準
①体重減少	6か月で、2kg以上の（意図しない）体重減少
②疲労感	（ここ2週間）わけもなく疲れたような感じがする
③歩行速度	通常歩行速度：1.0m／秒未満
④筋力低下	握力：男性28kg未満、女性18kg未満
⑤身体活動	軽い運動・体操または定期的な運動・スポーツのいずれも週に1回も行っていない

資料：「日本版CHS基準」2020年改定

健康上の問題で日常生活が制限されることなく生活できる期間のことを健康寿命と言うぞ

つまり、フレイルは早期からの対策や予防が大切なんだね！

まるっと 暗記しよう

①高齢者は複数の疾患を合併することにより慢性化する。
②高齢者は病気の症状が非定型的で、重症化しやすい。
③白内障は、水晶体が白濁する。
④感音性難聴では、高音域の音が聞き取りにくい。
⑤フレイルとは、健康な状態と要介護状態の中間期。

10 高齢者に多い疾病

発達

糖尿病

・種類：１型と２型がある。日本は２型糖尿病が大部分を占め、食事や運動などの生活習慣が関係している場合が多い
・原因：インスリン分泌不全・作用不全の結果生じる糖代謝異常
・治療：食事療法・運動療法が基本。次に薬物療法

糖尿病の主な症状

高血糖	多飲、多尿、体重減少
低血糖	発汗（冷や汗）、動悸《どうき》、手指の震え、顔面蒼白《そうはく》

食事の時間やインスリン量を調整し、血糖値を管理するのじゃ。低血糖は、軽度では発汗や動悸などの症状が現れ、重度になると痙攣《けいれん》や意識障害を起こすことがあるので注意が必要！

三大合併症

糖尿病が原疾患	症状	特徴
網膜症	視力低下	失明の危険性
腎症	たんぱく尿、むくみ、血圧上昇	人工透析の導入
神経障害	足のしびれや疼痛《とうつう》	外傷が元で壊疽《えそ》

合併症の予防には、生活習慣の改善や血糖値の管理が重要なのですね！

ワカッター

糖尿病になると免疫力が弱まるから、足白癬《あしはくせん》などの皮膚感染症にも注意が必要だ。ちなみに、この三大合併症は介護保険の特定疾病でもあるぞ（P.46を参照）

その調子だぞ…

虚血性心疾患（心筋梗塞、狭心症）

	心筋梗塞《しんきんこうそく》	狭心症《きょうしんしょう》
原因等	動脈に血栓《けっせん》ができ、血流が途絶え心筋が壊死《えし》する	動脈硬化等で冠動脈が狭くなり、酸素が供給されなくなる⇒チアノーゼが生じる
症状	胸痛が30分以上続く。冷や汗、吐き気や嘔吐	胸痛（急性心筋梗塞よりも軽度）が数分続く

高齢者は痛みを感じない場合もあるので要注意！

ニトログリセリンが効くのは狭心症！

医学系

心不全

心臓機能が低下し、身体に十分な血液が行き渡らない（虚血）状態が続くことにより現れる症状
身体に必要な酸素が不足し、息切れがしたり疲れやすくなったりする。また、細い血管の虚血により、手足の先が冷たく、肌や粘膜が青紫色になるチアノーゼが生じる

脳血管障害（脳血管疾患）

脳の血管の虚血または出血により脳が機能的・器質的に侵された状態。脳の損傷部位とは反対側の身体に障害が生じる

- 主な症状：片麻痺《まひ》、半側空間無視、言語障害（失語症、構音障害）、高次脳機能障害（P.110を参照）

名称	原因
脳梗塞《のうこうそく》	脳内の血管が詰まる（梗塞）
脳出血	脳内の血管が切れる
くも膜下出血	脳とくも膜との間（くも膜下）の血管が切れる

激しい頭痛が特徴

関節リウマチ

・主な症状：関節の腫れ・変形、可動域の制限、朝のこわばり
・特徴：女性に多い
・日常生活上の留意点：「圧迫する」「ねじる」などの関節に負担がかかる動作を避け、住宅改修や自助具で対応

【日常生活上の工夫例】

①いす：座面の高いいすを使用。立ち上がる際は、手掌全体を座面に押しつける
②就寝・安静時の姿勢：膝関節軽度屈曲位の良肢位、布団よりベッドを使用
③かばん：持ち手を握らず、前腕にかける。リュックサックや幅の広い肩掛けタイプを使用
④ドア：丸ノブからレバーハンドルまたは開き戸から引き戸へ変更
⑤洗体・整髪：ループ付きタオル、長柄のくし
⑥手すり：握らずに利用できる平手すり

パーキンソン病

医療費助成の対象となる指定難病

神経伝達物質であるドーパミンの産生の低下により神経変性を起こす疾患。原因は不明

・発症：50～60歳代が中心
・治療：薬物療法（L-ドパ、非ドパミン系治療薬）とリハビリテーションが中心
・機能障害の分類：ホーエン・ヤール重症度分類（ステージⅠ～Ⅴ）、生活機能障害度（Ⅰ～Ⅲ度）

数字が大きいほうが障害が重度

四大徴候	その他の症状
筋固縮《きんこしゅく》	嚥下障害
無動《むどう》・寡動《かどう》	幻覚
振戦《しんせん》	認知障害
姿勢反射障害	便秘　など

小刻み歩行、すくみ足、突進歩行が出現

筋萎縮性側索硬化症（ALS）

医療費助成の対象となる指定難病

・筋肉運動をつかさどる神経（運動ニューロン）が、散発性・進行性に変性脱落する神経変性疾患
・手足・のど・舌の筋肉や呼吸筋がやせていく

主な症状	四肢麻痺、嚥下障害、構音障害、呼吸障害
末期まで保持される機能	感覚機能、膀胱・直腸機能、知能、眼球運動、意識

変形性膝関節症

・原因と主な症状：膝の関節軟骨が加齢によってすり減ることで変形する。肥満や正座などが原因。進行すると痛みや腫れ、変形などが強くなり、日常生活に支障をきたす。炎症の影響で関節内に関節液が溜まり、O脚に変形する
・特徴：女性に多い
・ケアの留意点：膝の負担を軽減するため、長時間歩行や正座、階段（特に下り）は避け、歩行時には杖を使用する。肥満の人には食事による減量を勧める。また、立ち上がりや歩き始めなどの際に痛みが出るが、しばらくすると軽減するため、できるだけ苦痛を感じないような動作支援を心がける

ヤギ先生のプチ講座

皮膚疾患の原因と清潔保持の留意点

疥癬……ヒゼンダニ（疥癬虫）が原因。激しいかゆみを伴う。毎日入浴して全身を丁寧に洗浄する、入浴の順番を最後にする、脱いだ衣類は熱水で洗濯する
白癬……白癬菌（カビの一種）が原因。患部を強くこすりすぎない、洗浄後はよく乾燥させる、使用後のタオルなどは他の人の物とは別にする
老人性皮膚掻痒症……老化による皮膚の乾燥が原因。皮膚への摩擦に注意し、弱酸性の石鹸を使用する。保湿・水分補給に努める

尿失禁の種類

種類	症状
切迫性尿失禁	強い尿意を我慢できずに漏れる
腹圧性尿失禁	くしゃみや咳などで、腹圧が上昇したときに漏れる（女性に多い）
溢流性《いつりゅうせい》尿失禁	尿意を感じてもうまく排尿できず、膀胱に尿が溜まって溢れ出る
機能性尿失禁	認知症などによる判断力の低下で、排尿動作がうまくできずに漏れる（泌尿器に問題はない）
反射性尿失禁	神経麻痺などにより尿意を感じることができず、何の兆候もなく漏れる

Q 尿失禁への対処方法はありますか？

A 腹圧性尿失禁には骨盤底筋運動、切迫性尿失禁や機能性尿失禁には排泄誘導など、介護で対応できる場合があるぞ！

前立腺肥大症

・加齢により前立腺が肥大して尿道を圧迫する。50歳代から増加し、80歳以上では約８～９割
・症状：トイレの回数が増える（頻尿）から始まり、尿に勢いがなくなったり排尿後すっきりしなくなり（残尿）、悪化すると出なくなる（尿閉）
・合併症：尿失禁、血尿、膀胱結石、尿路感染症、腎不全など

まるっと暗記しよう

①２型糖尿病は生活習慣が関係している場合が多い。
②関節リウマチは女性に多い。
③ALSでは、感覚機能や眼球運動などは末期まで保持。

11 うつ病とせん妄

認知

医学系

うつ病とせん妄の違い

	うつ病	せん妄
原因	精神的、環境的、心理的原因など。精神障害の一種	身体疾患（急性の脳障害、脱水症状など）、薬の副作用など。意識障害の一種
主な症状	①気分障害（感情障害） ②思考障害 ③意欲・行為障害 ④身体症状	①記銘力《きめいりょく》障害・見当識《けんとうしき》障害 ②集中困難・多動 ③気分や感情の不安定 ④睡眠障害 ⑤錯覚や幻覚
日内変動	朝方に悪化	夕方～夜間に悪化

せん妄の原因のひとつに急性の脳障害がある。認知症の人は、体調の変化で、一時的にせん妄の症状が現れることもあるぞ。認知症との違いは、せん妄は一日の症状の変化が激しく、「しっかりしている時期」と「そうでない時期」があることじゃ

高齢者のうつへの対応

①心配しすぎない
②励まさない
③大事な決断は急がない
④ゆっくり休ませる
⑤薬をうまく利用する

高齢者は、近親者との死別や身体機能の低下などによって、うつになりやすいのだ

だから、相手を理解した寄り添った介護が大事なんですね！

まるっと 暗記しよう

うつは朝方、せん妄は夕方～夜間に悪化する。

12 認知症

認知

認知症の原因となる主な病気

種類	原因	特徴	主な症状
アルツハイマー型認知症	脳の萎《い》縮《しゅく》	・認知症の中で一番多い ・女性に多い ・ゆっくり進行	初期：もの盗られ妄想、抑うつなど 中期：ADL障害 末期：発語困難
血管性認知症	大脳深部など小さな脳梗塞の繰り返しが多い	・男性に多い ・ゆっくり進行 ・糖尿病や不整脈の合併症	認知症の全般症状。思考の鈍麻、うつ、パーキンソニズム、仮性球麻痺（構音・嚥下障害）
レビー小体型認知症	脳へのレビー小体の沈着	短期記憶障害は軽度	・鮮明で具体的な幻視 ・パーキンソニズム
前頭側頭型認知症	大脳（前頭葉・側頭葉）の萎縮	・発症年齢が比較的若い ・記憶障害は軽度	・人格の変化、常同行動、周回 ・脱抑制行動
クロイツフェルト・ヤコブ病	プリオンたんぱくが脳内に侵入	・急速に進行 ・致死率が高い	認知障害、幻覚、妄想、人格変化、運動失調（運動麻痺、不随意運動）
若年性認知症	アルツハイマー型認知症など原因疾患と同様	・64歳以下で発症 ・男性に多い ・進行が速い	記憶障害、見当識障害、神経症状、不安、抑うつ
正常圧水頭症	過剰な脳脊髄液の貯留	外科手術により改善可能	歩行障害、認知障害、排尿障害
慢性硬膜下血腫	頭部打撲などにより、硬膜下に血腫ができる	頭部CT検査で鑑別 血腫の除去手術により改善可能	物忘れ（認知症のような症状）、頭痛、嘔気、失語症、運動機能障害、失禁など

中核症状

中核症状（主なもの）		具体例
記憶障害	新しいことを覚えられない ※昔のことは覚えている	朝食を食べたかどうかを忘れる
見当識障害	時間や場所、人物など、自分が置かれている状況がわからない	今日が何日かわからない。自分のいる場所がわからない
遂行《すいこう》機能障害	物事を計画して実行することが困難になる	計画的な買い物や料理ができなくなる
視覚認知障害	物体の形の認知が低下し、見間違いが多くなる	いすの背にかかった服が人に見える
社会的認知機能の障害	人の情動や場の状況の認知が低下し、社会的に適した行動がとれない	招待された誕生会で、本人の悪口を大声で言う

行動・心理症状（BPSD）

個人の性格や置かれている環境などによって、さまざまな行動・心理症状（BPSD）が現れる

行動症状	徘徊《はいかい》、不潔行為、異食行為、暴言・暴力など
心理症状	不安感・焦燥感《しょうそうかん》、妄想《もうそう》・幻覚、抑うつ状態、睡眠障害（昼夜逆転）、アパシー（自発性や意欲の低下）など

夕方になると落ち着かなくなり、帰宅願望が出たり怒りっぽくなったりすることを「夕暮れ症候群」と言うのだ

転居や部屋の模様替えなど、環境が変化した直後にもみられるんですよね！

逆に、中核症状をふまえて環境を整えると、落ち着いた生活を取り戻せるね

行動・心理症状が起こるしくみ

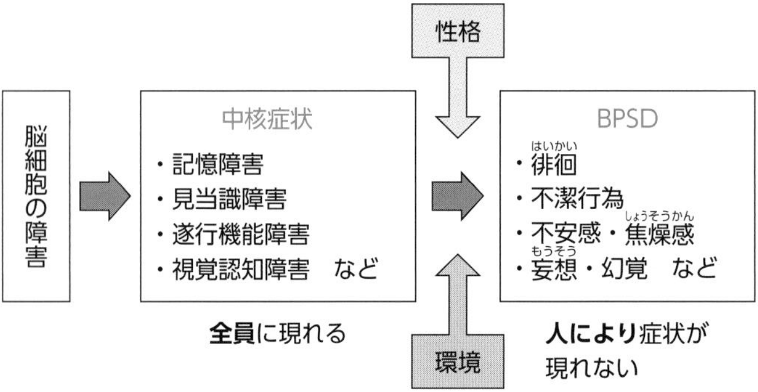

ヤギ先生のプチ講座

ユマニチュード

「その人らしさ」を大切にする認知症ケアの技法のことじゃ。相手を尊重する思いを伝えるための技術である「見る」「話す」「触れる」「立つ」の４つの柱と、ケアの順番を示す５つのステップでできておるぞ

①見る：目を見て大切に思っていることを伝える
②話す：命令口調ではなく、言葉を慎重に選び、前向きな声かけやオートフィードバック（実況中継）を行う
③触れる：つかまず、広い面積でゆっくりと触れる
④立つ：ケアの中で20分間立つなど、立位をとる機会を作ること

まるっと暗記しよう

①アルツハイマー型認知症は女性に多い。
②血管性認知症の主症状はうつ、パーキンソニズムなど。
③レビー小体型認知症は、鮮明で具体的な幻視が特徴。
④正常圧水頭症、慢性硬膜下血腫は、手術で改善可能。
⑤見当識障害では、時間や場所、人物などが障害される。
⑥中核症状は全員に現れ、BPSDは個人差がある。

13 認知症の検査と治療

認知

認知症の主な検査

認知症の診断は、問診や知能テスト、画像検査などの結果から、総合的に判断するのだ！

●主な知能テスト

名称	調査項目など	基準
ミニメンタルステート検査（MMSE）	・質問項目は日付や計算など11項目 ・認知機能障害の全体像が把握できる	30点満点 ※21点以下で認知障害の疑いが強い
長谷川式認知症スケール（HDS-R）	・質問項目は９項目 ・記憶を中心とした大まかな認知機能障害の有無を捉える	30点満点 ※20点以下で認知症の疑い

質問項目に図形の模写があるのが特徴（MMSE）

認知症のスクリーニングが目的（HDS-R）

●主な画像診断

名称	特徴	評価内容
CT（コンピュータ断層撮影）、MRI（磁気共鳴断層撮影）	脳内の形態を画像化する	脳の萎縮部位などの確認や慢性硬膜下血腫などの鑑別診断に有効
脳血流（SPECT）	脳機能（血流）を画像化する	アルツハイマー型やレビー小体型など認知症の鑑別診断などで使用
アミロイドPET（陽電子放出断層撮影）	病変を画像化する	アルツハイマー型認知症の早期診断や鑑別診断に有効

「認知症高齢者の日常生活自立度」判断基準

高齢者の認知症の程度をふまえた日常生活自立度の程度を表すもの。大きくⅠ～Ⅳ、Mの５段階に区分される。介護保険制度の要介護認定における、コンピュータによる一次判定や介護認定審査会による審査判定の際の資料として利用される

●「認知症高齢者の日常生活自立度」判断基準

	判断基準・対応例
Ⅰ	何らかの認知症を有するが、ほぼ自立 **【対応例】** 在宅生活が基本
Ⅱ	日常生活に支障を来すような症状・行動や意思疎通の困難さが多少見られても、誰かが注意していれば**自立可能** **【対応例】** 在宅生活が基本だが、日中の居宅サービスを活用
Ⅲ	日常生活に支障を来すような症状・行動や意思疎通の困難さが見られ、**介護**が必要 **【対応例】** 在宅生活が基本だが、一人暮らしは困難。日中・夜間の居宅サービスを活用

わしの家はどこだ～
ヤギ先生
ここですよ！
キョロキョロ

これは、ズボンだったかな…
先生、それはジャケットですよ～

<table>
<tr><td>Ⅳ</td><td>日常生活に支障を来すような症状・行動や意思疎通の困難さが頻繁に見られ、常に介護が必要
【対応例】常に目を離すことができない状態のため、居宅サービスをフルに活用して在宅生活を続けるか、施設サービスを利用するかを選択

</td></tr>
<tr><td>M</td><td>著しい精神症状や問題行動あるいは重篤な身体疾患が見られ、専門医療を必要とする</td></tr>
</table>

Medical（医療）の「M」

抗精神病薬は、ドーパミンのはたらきを抑制することでBPSDの症状を軽減するが、副作用としてパーキンソニズムがあるぞ

認知症の薬物治療

興奮や徘徊などのBPSDが激しいときは、抗精神病薬や抗不安薬、抗うつ薬も併用される

◎薬物治療の効果

- 認知症の症状の進行を**遅らせる**効果はあるが、根本的な治療薬ではない
- リハビリテーションの併用により、ADLの**改善**が期待できる

◎介護上の注意

- 副作用として、**悪心《おしん》**や**下痢**などが生じることもある
- 服薬開始時は、症状に合わせて段階的に投与量を**増量**していくため、すぐに効果が現れないことがある

まるっと 暗記しよう

MMSEは、質問項目に図形の模写がある。

医学系

14 認知症に関する施策

認知

認知症基本法

2024年1月に施行

認知症の人が尊厳を保持しつつ、希望をもって暮らせる共生社会の実現のため、基本理念等に基づき、国・地方公共団体が一体となって、認知症施策を総合的・計画的に講じる

基本理念の主なポイント

- 認知症の人が、基本的人権を享有できる個人として、自らの意思で日常生活や社会生活を営める
- 認知症の人の意向を尊重し、良質かつ適切な保健医療・福祉サービスが切れ目なく提供される
- 認知症の人や家族等が地域で安心して暮らせるようにする

認知症施策推進大綱

政府として初めて策定！

5つの柱

①**普及啓発・本人発信支援**…認知症サポーター養成等
②**予防**…認知症予防に資する可能性のある活動の推進等
③**医療・ケア・介護サービス・介護者への支援**…早期発見・早期対応のための医療体制の整備等
④**認知症バリアフリーの推進・若年性認知症の人への支援・社会参加支援**…バリアフリーのまちづくりの推進等
⑤**研究開発・産業促進・国際展開**…認知症の予防法やケアに関する技術・サービス・機器等の検証、評価指標の確立等

認知症施策推進大綱のポイント

- 認知症の人や家族の視点を重視しながら、共生と予防を推進
- 発症しても、希望を持って日常生活を過ごせる社会を目指す
- 対象期間は、団塊の世代が75歳以上となる2025年まで

ここでいう「予防」の意味は、認知症の発症を遅らせたり、進行を緩やかにしたりすることなのだ！

認知症総合支援事業

地域支援事業の包括的支援事業の1つ

保健医療・福祉の専門家による認知症の早期における症状の悪化の防止のための支援や、認知症の人またはその疑いのある人に対する総合的な支援を行う

認知症のある人などを支援する機関など

認知症サポーター	認知症について正しい理解をもち、地域や職場などで本人や家族を温かく見守り支援する
認知症初期集中支援チーム	早期診断・早期対応のため、医療・介護の専門職が、認知症の疑いや認知症のある人、その家族を訪問し、包括的・集中的に支援。地域包括支援センターや認知症疾患医療センターなどに配置
認知症疾患医療センター	認知症の鑑別診断、BPSD、身体合併症対応などの専門医療の提供などを行う。都道府県や政令指定都市に設置
認知症地域支援推進員	医療・介護などの支援ネットワークの構築、認知症ケアパスの作成・活用の促進、相談支援などを行う
認知症カフェ	公民館などを活用した、本人や家族、地域住民、専門家など誰もが集えるカフェ
認知症ケアパス	認知症の状態に応じたサービス提供の流れをまとめたもの。市町村が作成

まるっと暗記しよう

①認知症施策推進大綱では、共生と予防を推進している。
②認知症基本法では、基本理念等に基づき、国等が一体となって、認知症施策を総合的・計画的に講じる。

15 身体障害

障害

身体障害者手帳

障害程度等級表の1級から6級までに該当すると認定された場合に、都道府県知事、指定都市市長、中核市市長から交付される

障害の種類（交付対象）

- 視覚障害
- 聴覚又は平衡機能の障害
- 音声機能、言語又は咀嚼の障害
- 肢体不自由
- 心臓、腎臓又は呼吸器の機能障害
- 膀胱又は直腸の機能障害
- 小腸の機能障害
- ヒト免疫不全ウイルスによる免疫機能障害
- 肝臓の機能障害

ペースメーカーの装着者も交付対象に含まれるよ

ワカッター

上記の障害がある18歳以上の人で、身体障害者手帳の交付を受けた人が「身体障害者」と規定されているのですね

正解！　そして、1・2級の人は「重度障害者」とも言うぞ

ゴロで覚えよう

身体障害者手帳をもらえる内部障害の覚え方は、

新（心臓）　人（腎臓）　小（呼吸）　坊主 超（膀胱または直腸）　傷心して（小腸）

拝（HIV）　観するご（肝臓）　神体（身体障害者手帳）

わーん！
どうしたの？

まるっと暗記しよう

身体障害者手帳は、都道府県知事、指定都市市長、中核市市長から交付される。

16 知的障害・精神障害

障害

知的障害とは

記憶、推理、判断などの知的機能の発達に有意な遅れがみられ、社会生活などへの適応が難しい状態をいう

ダウン症候群とは

原因	染色体異常
特徴	・特徴的な顔貌 ・筋緊張の低下 ・低身長 ・運動発達の遅れ ・心疾患

21番目の染色体が1本多い

ダウン症候群の原因は染色体異常！これ重要！

よくみられる合併症

先天性心疾患	心房中隔欠損症、ファロー四徴症（心室中隔欠損症、大動脈騎乗、肺動脈狭窄・漏斗《ろうと》部《ぶ》狭窄、右室肥大）など
消化管奇形	ダウン症の子どもの2割程度。十二指腸閉鎖症、腸狭窄症など
目の病気	斜視、眼振、先天性白内障など
耳の病気	滲出性中耳炎による難聴
その他	白血病、糖尿病、甲状腺機能低下症など

精神障害とは

統合失調症、精神作用物質使用による依存症、気分（感情）障害、神経症性障害など、さまざまな種類がある

統合失調症

日本人の有病率は約100人に１人と出現頻度が高い精神疾患

●統合失調症の陽性症状と陰性症状

陽性症状	急性期に多い「幻覚」や「妄想《もうそう》」など、本来、存在しないものが出現する（プラスされる）症状
陰性症状	慢性期に多い引きこもり、活動性や集中力の低下など、社会との交流が消極的になる症状

ヤギ先生のプチ講座

「幻覚」と「妄想」の違い

幻覚は、現実には存在しないものを存在すると知覚することだ。たとえば、存在しないものが見える幻視、音がしていないのに音が聞こえる幻聴などがある。
一方の妄想は、現実にはないことを強く確信し、他の人には訂正できない。たとえば、自分は誰かに狙われていると思い込む被害妄想、自分は神の生まれ変わりだと思い込む誇大妄想などがある。
他の人からすれば、幻覚や妄想の内容は理解しづらいものだが、否定も肯定もせずに関わることが大切だぞ

リワークプログラム

リワークとは、return to workの略語で、医療リワーク、職業リワーク、職場リワークの3つがある。心の健康問題により休職した労働者に対し、クリニックや障害者職業センター、職場などで行われる復職に向けた支援プログラムのことだ。治療プログラムや復職支援プログラム、職場復帰支援プログラムとも言うぞ

●統合失調症の主な症状

主な症状	内容
連合《れんごう》弛《し》緩《かん》	次々と脈絡のない考えが湧いてきて、話がまとまらなくなる思考過程の障害。「言葉のサラダ」ともいう
感情《かんじょう》鈍《どん》麻《ま》	周囲のことに無関心で、何か刺激を受けても、その反応として感情を表すことができない
意欲減退	やる気が起きず、仕事や勉強に手がつかない。今まで興味があったものに対しても興味がなくなる
幻聴	聴覚における幻覚。「誰もいないのに人の声が聞こえる」など
被害妄想	自分が周囲から危害を加えられていると思い込むこと。迫害妄想、関係妄想、注察妄想、追跡妄想を総称して被害妄想と呼ぶ
自我障害	自分が存在するという感覚が薄れる（離人症）、自分が誰かに操られている（させられ体験）と感じるなどの自己認識の障害
緊張病性興奮	意思による統制を欠く精神運動興奮。興奮状態で、一貫性に欠ける衝動的な動作のこと
昏迷《こんめい》	意識障害がなく、外界の状況が理解できているにもかかわらず意思の表出が全く行われないか、極めて乏しい状態

陰性症状

ヤギ先生のプチ講座

SST（ソーシャルスキルトレーニング）

今、注目されている統合失調症などの治療法のひとつで、「社会生活技能訓練」「生活技能訓練」などと呼ばれているぞ。コミュニケーション技能のほか、服薬・症状の自己管理など実際の生活を想定したリハビリテーションを行って、生活力をアップするのだ

気分（感情）障害とは

気分（感情）障害には、双極性障害（躁うつ病）とうつ病の２つがある

- **双極性障害（躁うつ病）**：気分が異常に高揚する躁状態とうつ状態の２つの病相をもつ障害である
- **うつ病**：抑うつ気分や睡眠障害、自殺企図などがみられる

高次脳機能障害の主な障害

高次脳機能障害とは、交通事故による受傷や疾患により脳が器質的に損傷し、言語、記憶、理解、判断、学習、行為、感情などの機能が障害され、日常生活に支障をきたす状態

障害	主な症状
記憶障害	新しいことを覚えられない。もの忘れが多い
注意障害	２つ以上のことを同時にできない。ぼんやりしていてミスが多い。集中力がない
遂行《すいこう》機能障害	自分で計画を立てて行動することが苦手。状況に応じた判断が困難
社会的行動障害	突然怒ったり笑ったりする。子どもっぽくなる
半側空間無視	見ている空間の半分が認識できない（失認）こと

まるっと 暗記しよう

①ダウン症候群の原因は染色体異常である。
②統合失調症にみられる幻覚や妄想は、陽性症状である。
③気分（感情）障害は、双極性障害とうつ病の２つ。
④半側空間無視は、見ている空間の半分が認識できない。

17 発達障害

障害

発達障害の種類

発達障害は、通常低年齢で
発現する脳機能障害じゃ

名称	主な特徴
自閉症スペクトラム障害（ASD）	・特有の対人関係やコミュニケーションの症状…社会性や情緒的な交流に問題がある、言語を伴わないコミュニケーションが苦手である、他者と年齢相応の関係が築けない ・強いこだわり行動や感覚の過敏さ（反対に鈍感さ）…興味が限定され執着がある、日常生活で融通が利かない、同じ動作を繰り返す（常同行動）
強度行動障害 注）精神医学的な診断名ではない	本人の健康を損ねる自傷行為などがみられる。また、周囲の暮らしに影響を及ぼす他害行為などが著しく高い頻度で起こる
学習障害（LD） （限局性学習障害〔SLD〕）	読み、書き、計算のいずれか（または複数）において困難があるが、全般的な知的障害は伴わない
注意欠陥多動性障害 （注意欠如・多動性障害） （ADHD）	不注意（気が散りやすい）、多動性（じっとしていられない）、衝動性（順番を待つことができない）が特徴である。知能の遅れはほとんどみられない

てんかんとは

突然意識を失って反応がなくなるなどの発作を繰り返し起こす疾患。年齢や性別に関係なく発症し、知的障害との合併率も高い。部分発作と全般発作がある

発達障害でみられる行動と支援

<table>
<tr><th colspan="2">種類</th><th>みられる行動</th><th>支援の例</th></tr>
<tr><td colspan="2">自閉症スペクトラム障害</td><td>パターン化した行動やこだわりが特徴。急な予定の変更や臨機応変な対応が苦手で、大声を上げて不安を訴える</td><td>変更内容は事前に伝える、SST(P.109を参照)を行うなどによって心の準備を整え、不安の解消につなげる</td></tr>
<tr><td colspan="2">学習障害</td><td>「読む」「書く」などに障害があり、ノートなどに要領よくまとめることが苦手</td><td>事前に学習する内容の要点をまとめて渡しておくなど、準備段階での配慮が必要</td></tr>
<tr><td colspan="2">注意欠陥多動性障害</td><td>多動・多弁で集中できず、衝動的に行動するのが特徴</td><td>その場で行動するように促したり、途中で状況を確認する</td></tr>
<tr><td rowspan="2">てんかん</td><td>部分発作</td><td>脳の一部で起こる発作。「光がチカチカ見える」「手がピクピク動く」など</td><td>家具やストーブなどを遠ざけ、衣服の襟を緩める。嘔吐に備え、顔を横に向ける</td></tr>
<tr><td>全般発作</td><td>脳全体で起こる発作。「意識がなく、反応もない」「倒れて全身を痙攣させる」など</td><td>意識が回復するまでそばで見守り、意識が戻ったことを必ず確認。道路上など危険な場合は安全な場所へ移動する</td></tr>
</table>

まるっと暗記しよう

①ASDは対人関係やコミュニケーションが苦手。
②ADHDの特徴は、不注意、多動性、衝動性の３つ。
③てんかんは、知的障害との合併率が高い。

18 障害受容の過程

障害

障害を負ったあとはさまざまな感情が表出する。その感情を十分に経験したあとに、冷静になって現状を受け入れる過程なのだ

- ショック期：ショックを受け、呆然とする
- ↓
- 否認期：強く否定し、認めたくないという気持ち
- ↓
- 混乱期：事実を受け止め、怒りや悲しみで強く落ち込む
- ↓
- 解決への努力期：前向きな解決に向かって努力しようとする
- ↓
- 受容期：現状を受け入れ価値観が変わり、障害と自分自身を前向きに捉える

一方通行ではなく、行ったりきたりを繰り返す

障害の受容には、同じ障害のある者同士、同じ障害のある子どもの親同士の交流が有効

ピアサポートだね！

ちなみに、断酒会（アルコール依存症）や患者家族会といったセルフヘルプグループの活動も、ピアサポートのひとつじゃ

まるっと暗記しよう

①障害受容の過程はショック期→否認期→混乱期→解決への努力期→受容期。
②障害の受容にはピアサポートが有効。

医学系

19 緊急時の対応

医療

AEDを用いた心肺蘇生

人が倒れている

周囲の安全確認
反応はあるか

なし → 助けを求める
ある → 必要な応急手当

助けを求める
119番・AED
↓
呼吸はあるか

ある → ・気道確保 ・回復体位

なし、または死戦期呼吸
↓

心肺蘇生（胸骨圧迫）
- 強く（約5cmの深さで6cmを超えない）
- 速く（100～120回/分）
- 絶え間なく（中断を最小にする）

人工呼吸
- 頭部後屈顎先挙上法
- 胸骨圧迫30回と人工呼吸２回

↓
AED到着
↓ 電源を入れて パッド装着
心肺蘇生中断
↓ 傷病者に触れない
除細動（電気ショック）実施
↓
心肺蘇生の再開

※救急隊員に引き継ぐか、なんらかの反応、ふだんどおりの呼吸がみられるまで実施

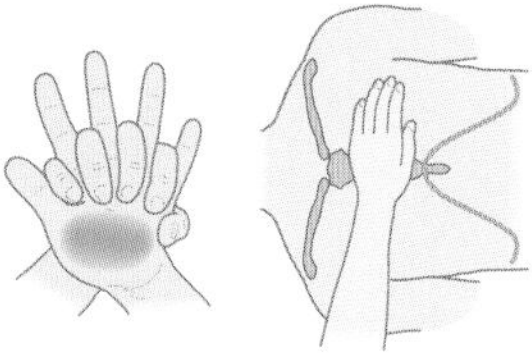

胸骨圧迫時の手の握り方と置く位置

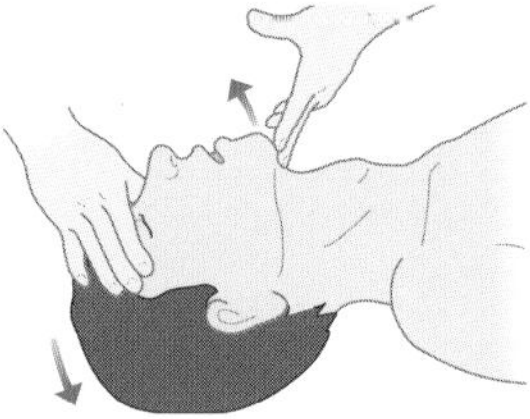

頭部後屈顎先挙上法

熱傷（やけど）

・着衣は脱がさず、そのまま冷水に浸けて冷やす
・熱傷の範囲が広ければ、冷やしながら医療機関を受診する

誤嚥（窒息）

・利用者に意識がない場合は、指拭法《ししょくほう》を行う
・利用者に意識があり、咳ができる場合は、できるだけ咳をするように促す。咳ができない場合は、背部叩打法《はいぶこうだほう》や腹部突き上げ法を行う

介護方法	説明
指拭法	異物を指でかき出す
背部叩打法	頭部を低くし、背中をたたく 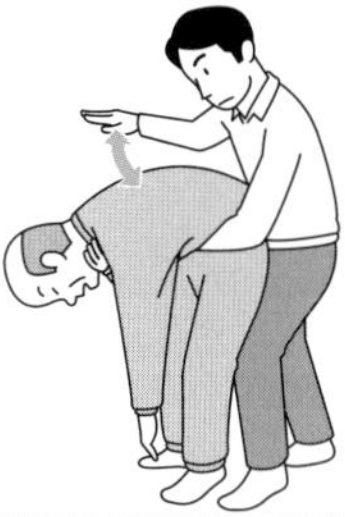
腹部突き上げ法	上腹部を斜め上方に圧迫する。妊婦や乳児には実施しない

塩素系漂白剤を飲み込んだ場合は、吐かせないで牛乳や卵白などを飲ませるのだ

まるっと暗記しよう

①心肺蘇生は、強く、速く、絶え間なく行う。
②誤嚥で窒息し、意識がない場合は、指拭法を行う。

20 医療的ケアと医行為

医療

まずはここをしっかりと理解することから始まるのだ！

根底に関わる法律を押さえる

医師法（第17条）	医師でなければ、医業をしてはならない
保健師助産師看護師法（第５条）	「看護師」とは、厚生労働大臣の免許を受けて、傷病者若しくはじょく婦に対する療養上の世話又は診療の補助を行うことを業とする者をいう
社会福祉士及び介護福祉士法（第２条の２） 2011（平成23）年の改正で下線部分が追加された	「介護福祉士」とは、第42条第１項の登録を受け、（中略）身体上又は精神上の障害があることにより日常生活を営むのに支障がある者につき心身の状況に応じた介護<u>（喀痰吸引その他のその者が日常生活を営むのに必要な行為であつて、医師の指示の下に行われるもの（厚生労働省令で定めるものに限る。以下「喀痰吸引等」という。）を含む。）</u>を行い、並びにその者及びその介護者に対して介護に関する指導を行うことを業とする者をいう

喀痰吸引等の登録申請

喀痰吸引等の医療的ケアを、本人や家族以外が行う場合は、事業所と介護福祉職の双方の登録が必要

- 事業所：①医療関係者との連携体制の確保、②安全確保措置（安全委員会の設置、研修体制の整備等）などの登録要件を満たしたうえで、都道府県知事に申請する
- 介護福祉職：介護福祉士は、社会福祉振興・試験センターに、「実地研修を修了した喀痰吸引等行為」について、「介護福祉士登録証」の登録を申請する

介護福祉士が業として実施できる医行為の範囲

①口腔内の喀痰吸引　④胃ろうまたは腸ろうによる経管栄養
②鼻腔内の喀痰吸引　⑤経鼻経管栄養
③気管カニューレ内部の喀痰吸引

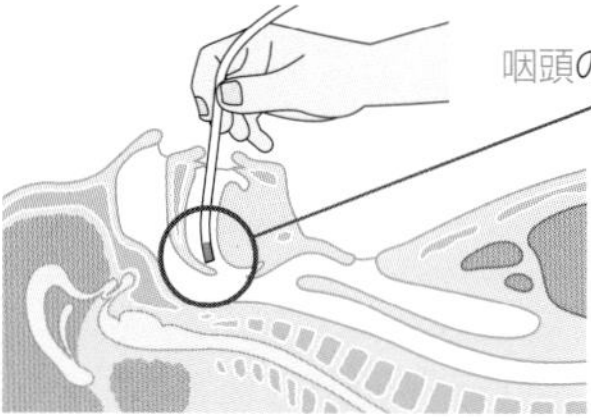

①口腔内の喀痰吸引

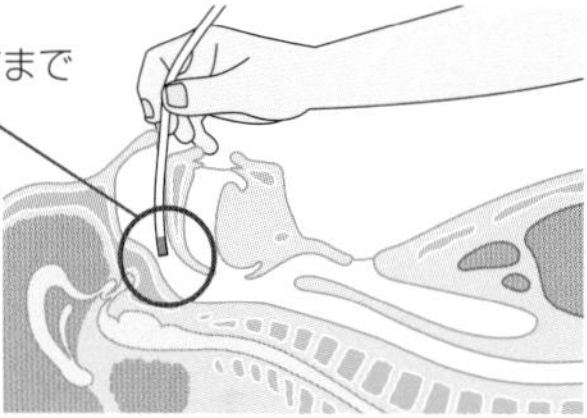
②鼻腔内の喀痰吸引

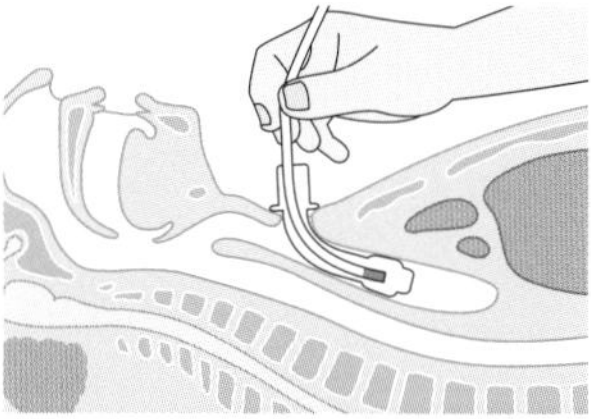
③気管カニューレ内部の喀痰吸引

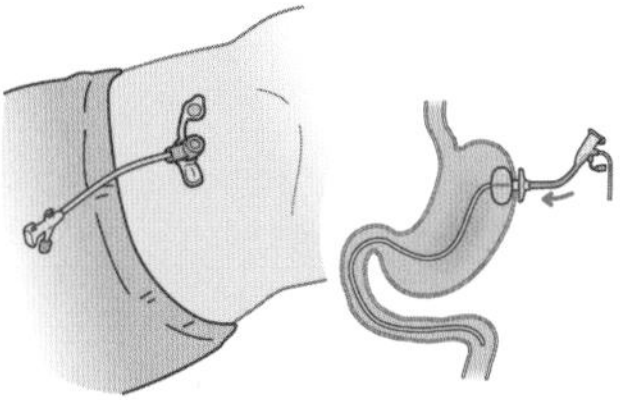
④胃ろう経管栄養

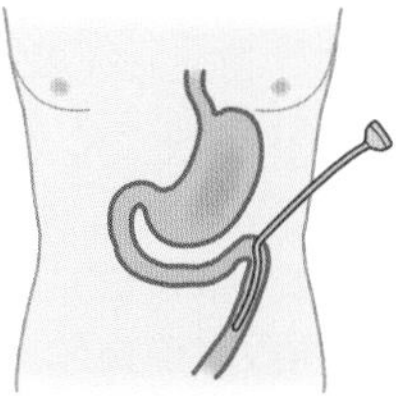
④腸ろう経管栄養

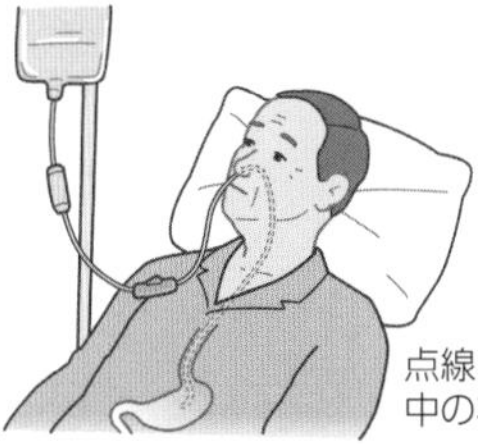

⑤経鼻経管栄養

まるっと 暗記しよう

介護福祉士は医師の指示の下に喀痰吸引等を行う。

21 原則として医行為にならない行為

医療 生活

医行為に該当しない行為と条件・例外など

体温測定	水銀体温計・電子体温計は腋窩《えきか》で測る 耳式体温計は外耳道《がいじどう》で測る
血圧測定	自動血圧計または半自動血圧測定器（ポンプ式を含む）で測る
パルスオキシメーター	動脈血酸素飽和度の測定（新生児以外）
医薬品の使用の介助（専門的管理が不要。医師、薬剤師、看護師などの指導を遵守する）	・褥瘡《じょくそう》を除く軟膏《なんこう》の塗布 ・湿布《しっぷ》の貼付、点眼薬の点眼 ・一包化された内服薬の内服 ・肛門《こうもん》からの座薬《ざやく》の挿入 ・鼻腔《びくう》粘膜への薬剤噴霧
爪切り・やすりがけ（糖尿病などの疾患で専門的管理が不要）	異常のない爪（爪や皮膚に化膿・炎症がない）
排泄《はいせつ》関係（膀胱《ぼうこう》留置カテーテル、自己導尿の補助など）	・膀胱留置カテーテルの畜尿バッグからの尿廃棄、尿量と尿の色の確認 ・自己導尿のカテーテル準備や体位保持 ・ストーマ装具のパウチに溜まった排泄物の除去
喀痰吸引	・吸引器の汚水廃棄や水の補充 ・チューブ内洗浄用の水の補充
耳垢の除去	耳垢塞栓《そくせん》を除く

まるっと暗記しよう

血圧を自動血圧計で測る場合は医行為に該当しない。

22 健康状態の把握（バイタルサイン）

こころ　医療

バイタルサイン

体温は外気温の影響を受けやすいから、測定時は注意が必要じゃ

	計測方法	正常値
体温	汗を拭く→腋《わき》のくぼみに斜め前方から当てる→腕を上から押さえる 汗をかいていると正確に測れない。動脈に向けて当てる	成人で36.0～37.0℃未満
脈拍	橈骨《とうこつ》動脈、上腕動脈、頸動脈に沿って第２～４指を触れる 見つけやすい。自分の脈と間違えないよう第1指（親指）は当てない	成人で60～80回／分
呼吸	本人に意識されないように胸の上がり下がりなどを観察 本人の意識で回数が変化する	成人で12～18回／分
	※血中の酸素濃度（経皮的動脈血酸素飽和度〔SpO_2〕）はパルスオキシメーターで測定	95～100％
血圧	上腕動脈で測る場合、エア管が中指の延長線上になるように、マンシェットを肘《ひじ》より１～２cm上に巻く	収縮期（最大）血圧120mmHg未満 拡張期（最小）血圧80mmHg未満 （至適《してき》血圧） ※高血圧の値 収縮期血圧140mmHg以上 または 拡張期血圧90mmHg以上

医学系

まるっと暗記しよう

体温は外気温の影響を受けやすい。

23 消毒と滅菌の方法

医療

通常、肺や気管には病原微生物はいないため、滅菌が必要だ。一方、口や鼻の中には常在菌がいるため、滅菌は必要ないぞ！

消毒と滅菌

消毒	病原性の微生物を死滅させる、または弱くさせること 【方法】熱水（80℃10分程度）または薬液消毒
滅菌	すべての微生物を死滅させる、または除去すること 【方法】専用の施設・設備でガス滅菌など 【滅菌物の使用時に確認すること】 ①滅菌済みの表示　②有効期限　③未開封

消毒剤の種類

消毒剤	濃度	対象	留意点
次亜塩素酸ナトリウム	0.0125～0.02％	経管栄養セット器具・器材	金属の腐食 塩素ガス発生
アルコール消毒用エタノール	原液	皮膚、医療器具・器材、ドアなど	引火 粘膜・傷には禁忌
塩化ベンザルコニウム	0.1～0.5％	器材など、手指	誤飲 適用濃度にする

次亜塩素酸ナトリウムに酸性薬剤を混ぜると、人体に有害な塩素ガスが発生するから注意してね！

まるっと暗記しよう

滅菌とは、すべての微生物を死滅または除去すること。

24 喀痰吸引

医療

喀痰吸引とは

介護福祉職は、咽頭までは吸引できない～

- 環境調整や体位の工夫を行っても自力で痰《たん》を出すことが難しい場合に、器具を使って痰を吸引すること
- 介護福祉職が行う喀痰《かくたん》吸引は、①口腔内吸引、②鼻腔内吸引、③気管カニューレ内吸引である
- 痰が溜《た》まっている方を上にし、定期的な体位変換で喀痰を促すことを体位ドレナージという
- 吸引時は、吸引チューブが挿入しやすいよう、利用者を安楽な姿勢にする
- 喀痰吸引は、利用者の状況に応じて必要な時（食事や入浴の前後、就寝中など）に行う

口腔内吸引の場合は、上半身を10～30度挙上した姿勢で行うとよいぞ

痰の性状の変化

痰の性状		推測できること
色	白濁、黄色、緑色	何らかの感染がある
	ほのかに赤い 赤い点が混ざっている	口腔・鼻・喉《のど》・気管などに傷がある
	鮮やかな赤 黒ずんだ赤	口腔・鼻・喉・気管などからの出血、または出血後
粘性	サラサラしている	透明色は急性の気道の炎症 鮮赤色《せんせきしょく》は緊急処置を伴う出血
	粘り気がある	水分不足
臭い	腐敗臭 甘酸っぱい	何らかの感染がある

医学系

口腔内・鼻腔内の吸引

実施準備	①医師の指示書、看護職の指示・引継ぎ事項の確認 ②手洗いと手指消毒。物品・器材の確認と配置
吸引実施（挿入前）	①説明・環境調整（カーテン・姿勢を調整する） ②口腔内・鼻腔内の観察（出血や損傷、分泌物） ③手袋の着用 ④保管容器から指定されたサイズの吸引チューブを取り出し、連結管を接続する ※吸引チューブと連結管は周囲に触れさせない（感染予防） ※浸《しん》漬《し》法《ほう》（消毒液に漬けて保管）の場合は、吸引チューブを清浄綿で拭く ⑤電源を入れて水を吸引し、決められた陰圧（吸引圧）になるか確認する（よく水を切る）
吸引実施（挿入後）	①開始の説明後、吸引チューブを静かに挿入し、吸引する（吸引圧が1か所に集中しないよう、吸引チューブを回す。決められた深さ、吸引時間を守る） ②吸引チューブを静かに引き抜く
片付け・終了	①吸引チューブを清浄綿で拭く。洗浄水を吸引し、電源を切る （洗浄水：少なくとも8時間おきに交換） ②吸引チューブを連結管から外し、保存容器に入れる ③手袋を外す。声かけ・姿勢調整 ④観察（顔色・呼吸の状態）し、手洗いをする ⑤実施後の報告・片付け・記録 ※排液は、吸引瓶の70～80％になる前に廃棄 ※吸引チューブは、浸漬法、乾燥法で保管するものと、ディスポーザブル（単回使用ごとの廃棄）がある

気管カニューレ内の吸引（口腔・鼻腔との違い）

吸引実施（挿入前）	・滅菌手袋を使用する ・滅菌精製水を吸引する
吸引実施（挿入後）	・吸引チューブの根元を完全には折らず、少し圧をかけて気管カニューレ内部まで静かに挿入する

気管カニューレには滅菌だよ～

人工呼吸器装着者

人工呼吸器を外す（吸引実施前）	①口腔内・鼻腔内の吸引 ・鼻・口鼻《こうび》マスクを外す。医師や看護師の判断で鼻マスクに変更して口腔内吸引することもある ②気管切開の吸引 ・呼吸器の接続（コネクタ）を外す（外した後の清潔保持）
人工呼吸器を装着（吸引実施後）	①鼻・口鼻マスクを装着する ②呼吸器の接続を戻す（気管カニューレの接続を確実に行う。清潔保持）

吸引時の異常

呼吸状態が悪くなる、顔色が悪い、嘔吐《おうと》する、出血するなどがみられた場合、速やかに吸引を中止し、看護職に報告する。その他の異常でも観察と報告を行う

人工呼吸器のしくみ

空気の送り込みが設定どおりでないとアラームが鳴るから注意が必要ですね！

●侵襲的人工呼吸療法の場合

気管切開して空気を送る

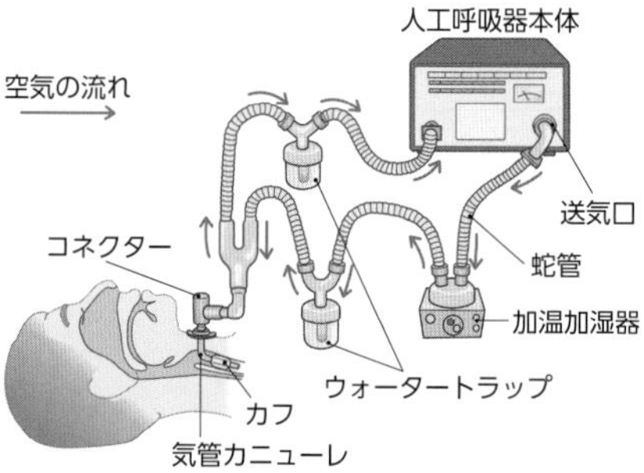

そうだ！　通常は家庭用電源を用いるが、停電に備えてバッテリーなどの非常用電源も必要だぞ！

●非侵襲的人工呼吸療法の場合

口・鼻から空気を送る

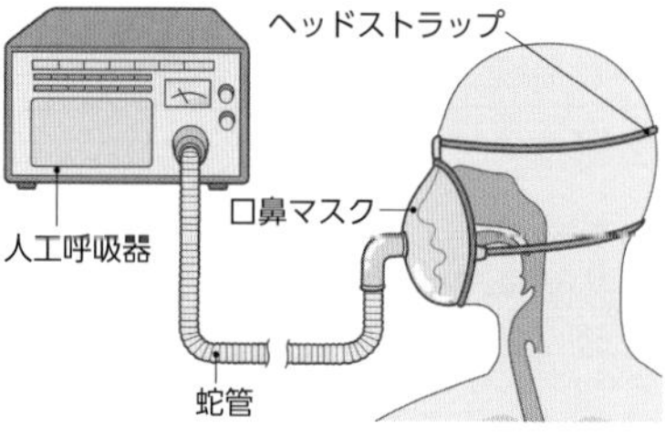

口鼻マスクは空気が漏れることなく、かつ皮膚が赤くならないように密着させるのだ

まるっと 暗記しよう

①喀痰吸引は、利用者の状況に応じて必要な時に行う。
②気管カニューレ内部の吸引には、滅菌精製水を使用。
③吸引中に異常が生じた場合は、中止して看護職に報告。

経管栄養

医療

経管栄養の種類

経管栄養を実施していても口腔ケアは大事じゃ

胃ろう経管栄養	手術により、腹壁から胃内部にチューブを留置し、栄養剤を注入する **【利点】** 誤嚥のリスクが減る **【注意】** 注入時の体位や方法により、食道へ逆流する恐れがある
腸ろう経管栄養	手術により、腹壁から空腸（小腸）にチューブを留置し、栄養剤を注入する **【利点】** 胃・食道への逆流が起こりにくい **【注意】** 胃ろうより長細いチューブで注入するため、栄養剤がつまりやすい
経鼻経管栄養	片方の鼻腔から食道を経て胃内部にチューブを留置し、栄養剤を注入する **【利点】** 手術を行わなくてよい **【注意】** チューブの違和感がある。チューブが抜けやすい。気管への誤挿入の危険性がある

●経管栄養時に起こりやすいトラブル

トラブルの例	原因	対応や予防策
食道への逆流	・注入時の姿勢不良	・半座位にする
チューブの誤挿入	・咳、空嘔吐	・至急、医療職に報告
下痢	・栄養剤の温度の調整不良、濃度の間違い ・注入速度が速い	・原則常温で保管 ・指示書どおりの希釈濃度・速度を守る
嘔吐	・栄養剤の注入量が多い ・注入速度が速い ・注入時の姿勢不良	・指示書どおりの注入量・速度を守る ・半座位にする

（嘔吐）直ちに注入を中止し、誤嚥予防のため顔を横にする

経管栄養の実施方法

実施準備	①指示の確認、手洗い、必要物品の準備 ②栄養剤の確認・準備 ③イルリガートルを点滴スタンドに吊るす ④栄養点滴チューブを取り付け、クレンメを閉めておく ⑤イルリガートルに栄養剤を注ぎ、点滴筒に半分ほど満たす ⑥栄養点滴チューブの先端まで栄養剤を行き渡らせ、クレンメを閉じる
栄養剤の注入	①利用者に説明する（栄養剤と利用者の確認） ②環境調整・姿勢保持（自然落下では、胃部より50cm程度の高さにイルリガートルを吊るす） ③栄養点滴チューブを胃ろう栄養チューブ（または腸ろう、経鼻経管）と接続する ④クレンメを開け、時計を見て滴下数を調整する
片付け・終了	①注入中は定期的に観察し、終了を告げる ②クレンメと注入口のストッパーを閉めて、チューブの接続を外す ③カテーテルチップシリンジで白湯を注入する ④衣服を整えてしばらく姿勢を保持する ⑤報告・片付け・記録を行う

クレンメの開け閉めによる滴下調整

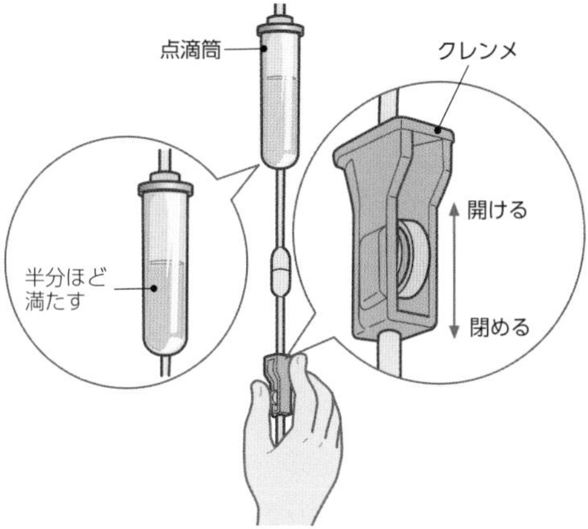

消毒

毎回の実施後に、栄養点滴チューブ、イルリガートル、カテーテルチップシリンジを食器用洗剤で洗浄し、流水でよくすすぐ。消毒は、0.0125～0.02%の次亜塩素酸ナトリウムに1時間以上浸す

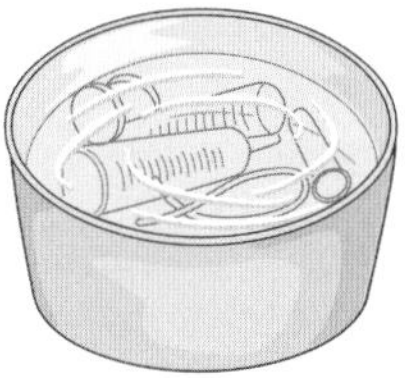

まるっと暗記しよう

①胃ろう経管栄養では、食道へ逆流する恐れがある。
②栄養剤の量と注入速度は、医師の指示に従う。
③経管栄養を実施していても口腔ケアは必要。

ヤギ先生の特選チェック

	問題	答え
1	1歳半頃に語彙爆発が発現する。	○
2	2歳頃になると、「自分」「他者」「対象」という三項関係に発展する。	× 生後9か月頃
3	エピソード記憶は、加齢の影響を受けにくい。	× 受けやすい
4	延髄は、呼吸・心拍・血圧などの中枢である。	○
5	副交感神経が働くと、血圧は上昇する。	× 下降
6	血球には、血小板は含まれない。	× 含まれる
7	舌で食塊を咽頭に送り込むのは口腔期である。	○
8	味覚異常は、唾液分泌量の増加で起こる。	× 減少
9	関節リウマチでは、朝のこわばりがみられる。	○
10	せん妄は、意識障害の一種である。	○
11	アルツハイマー型認知症は男性に多い。	× 女性
12	CTは、慢性硬膜下血腫の鑑別診断に有効である。	○
13	認知症初期集中支援チームは、既に認知症と診断された人への支援は含まれない。	× 含まれる
14	ペースメーカーの装着者は、身体障害者手帳の交付対象に含まれる。	○
15	発達障害は、年齢に関係なく発現する。	× 低年齢
16	障害受容の過程の第1段階は、混乱期である。	× ショック期
17	やけどをした場合、着衣を脱がせてから患部を冷水で冷やす。	× 脱がさない
18	介護福祉士は、耳垢塞栓の除去は行えない。	○
19	体温は、外気温の影響を受けやすい。	○
20	喀痰吸引等を行うための指示書は、看護師が作成する。	× 医師
21	栄養剤の注入速度が速いと、下痢を起こすこともある。	○

介護系

ウカルちゃんといっしょ　介護系で得点率upしようの巻

いよいよ国家試験の勉強を始めるよ〜！
スゴ〜イ！
介護系の科目は自信があるのよね
ちょっと過去問題を解いてみよう
生活支援技術の問題
介護の場面を思い出すと答えられるから易しいね
ウカルチャンハ介護ガ好キダカラネ
生活支援技術
苦手科目を勉強したから、模擬試験を受けます！
・人間の尊厳と自立
・認知症の理解
・医療的ケア
…など
苦手科目
ガンバッテ！

ウカルよ。模試の結果はどうだったかな?
ギリギリ合格ラインでした。本番は大丈夫かなぁ?
模試
⑤
おお、がんばったな。でも、もっと伸びるぞ!
「介護系」の得点率をさらに上げるのじゃ!
にょ〜ん!
がんばります!
苦手科目を「介護系」で巻き返す受験生は多いぞ!
⑥
なんだか面白くなってきた♪
なんでその介護が必要なのか、根拠を調べながら勉強したら、苦手科目の理解も深まって、自信がついてきた!
ワァ〜、イイ感ジダネ!
⑦
全問正解したよ〜!
祝 満点
バンザ〜イ!
よくやったな!
⑧

1 介護を取り巻く状況

介護

日本の人口

日本の総人口：１億2,435万人（前年より約60万人減少）

区分	年齢	人口
年少人口	０～14歳	1,417万人
生産年齢人口	15～64歳	7,395万人
老年人口	65歳以上	3,623万人

年少人口＜老年人口

資料：総務省「人口推計」（令和５年10月１日現在）

合計特殊出生率と少子化

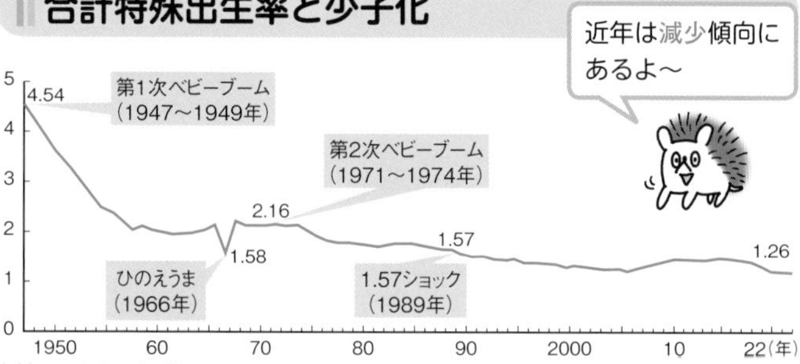

資料：厚生労働省「令和４年　人口動態統計」

日本の高齢化率

・2023年10月１日現在…29.1％　過去最高！
　そのうち75歳以上…16.1％　６人に１人が75歳以上
・高齢化の要因…平均寿命の延びと少子化

高齢化社会（高齢化率７％）	高齢社会（高齢化率14％）	超高齢社会（高齢化率21％）
1970年	1994年	2007年

24年　13年

高齢化率は７の倍数！

65歳以上の者（高齢者）のいる世帯の状況

全世帯数	高齢者のいる世帯
5,431万世帯	2,747万世帯

高齢者のいる世帯は、「夫婦のみ世帯」「単独世帯」を合わせると約６割

高齢者のいる世帯は全世帯の約５割！　高齢者の３人に１人近くは一人暮らし(単独世帯)だ

資料：厚生労働省「令和４年　国民生活基礎調査の概況」

要介護者等および介護者の状況

要介護者等の状況

要介護者等のいる世帯（在宅）	要介護者等の年齢
1位「核家族世帯」(42.1%) 2位「単独世帯」(30.7%) 3位「三世代世帯」(10.9%)	男性は「85～89歳」、女性は「90歳以上」が最も多い

資料：厚生労働省「令和４年　国民生活基礎調査の概況」

核家族世帯と単独世帯が増えている

年齢が高い階級が占める割合が増加している

主な介護者の状況

要介護者等からみた家族の続柄、性別、年齢
・同居（45.9%） ・配偶者（22.9%）、子（16.2%）、子の配偶者（5.4%） ・性別は、同居・別居とも女性が多い（約７割） ・要介護者等と同居している主な介護者の年齢は、60歳以上同士が77.1%と多い

同居は2010年以降減少が続いている

資料：厚生労働省「令和４年　国民生活基礎調査の概況」

本来、大人が担うと考えられている家事や家族の世話などを日常的に行っている18歳未満の子どものことを「ヤングケアラー」と言い、近年、社会問題になっているよ

求められる介護福祉士像

①尊厳と自立を支えるケアを実践する
②専門職として自律的に介護過程の展開ができる
③身体的な支援だけでなく、心理的・社会的支援も展開できる
④介護ニーズの複雑化・多様化・高度化に対応し、本人や家族等のエンパワメントを重視した支援ができる
⑤QOL（生活の質）の維持・向上の視点を持って、介護予防からリハビリテーション、看取りまで、対象者の状態の変化に対応できる
⑥地域の中で、施設・在宅にかかわらず、本人が望む生活を支えることができる
⑦関連領域の基本的なことを理解し、多職種協働によるチームケアを実践する
⑧本人や家族、チームに対するコミュニケーションや、的確な記録・記述ができる
⑨制度を理解しつつ、地域や社会のニーズに対応できる
⑩介護職の中で中核的な役割を担う

＋

高い倫理性の保持

まるっと暗記しよう

①総人口が年々減少し、年少人口も減少。
②老年人口は年々増加し、高齢化率も過去最高を記録。
③合計特殊出生率は、近年減少傾向にある。
④高齢者のいる世帯は、「夫婦のみ世帯」と「単独世帯」を合わせると約６割。
⑤高齢者の３人に１人近くは「単独世帯」。
⑥ヤングケアラーは、近年、社会問題になっている。
⑦「求められる介護福祉士像」では、介護職の中で中核的な役割を担うことが示されている。

2 コミュニケーションの技法

関係 コミュ

コミュニケーションの構成要素

メッセージの強さ：非言語的メッセージ＞言語的メッセージ

言語的コミュニケーション	話し言葉、書き言葉
非言語的コミュニケーション	表情、ジェスチャー、準言語（声の高さ・速さ・強弱）、服装、髪型など

言語的コミュニケーション：情報を多く伝える

非言語的コミュニケーション：感情を多く伝える

雑音	メッセージを伝えるときに邪魔になる環境のこと ①物理的雑音（騒音など） ②身体的雑音（障害など） ③心理的雑音（偏見など）

対人距離：パーソナルスペース

対人距離は、他人がそれ以上近づくと不快な距離のこと

①密接距離	15～45cm（利用者とコミュニケーションをとる距離）
②個人的距離	45cm～1.2m（同僚と仕事をするときの距離）
③社会的距離	1.2～3.6m（一般客や他人と応対する距離）
④公衆距離	3.6m以上（講演会など、公衆との間にとる距離）

コミュニケーションを促す環境

直角法

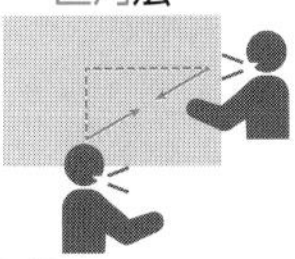

◎視線を外してリラックスできる

対面法

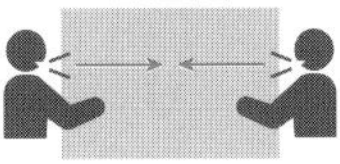

△緊張する

介護系

コミュニケーションの基本的態度

傾聴	こころを傾けてしっかりと聴く
受容	相手をありのまま受け入れる
共感	相手の気持ちを理解する
自己開示	自分の情報を言葉で伝える

自己開示は、初対面のときは『浅く』、時間の経過に従って『深く』すると、（関係が深まって）よいのだ。適切な自己開示は人間関係をよくするぞ

アサーティブ・コミュニケーション

相手の意見を尊重しながら、自分の意見を伝え、提案すること
例：「○○さんの気持ちはお察しします。私はこう思います」

転移と逆転移

- **転移**：利用者が援助者へ向ける感情
- **逆転移**：援助者が利用者へ向ける感情

どちらも過去に接点のあった人物への感情を重ねることが多い。プラスとマイナスの感情がある

質問の種類

種類	説明
閉じられた質問	「はい」「いいえ」または１～２語で答えられる質問 【例】「ゆっくりお休みになれましたか」 「ご出身はどちらですか」
開かれた質問	回答の範囲を限定しない質問 【例】「何か心配なことがおありですか」 「休日はどのように過ごされましたか」

閉じられた質問は、事実がはっきりするよ

開かれた質問は、相手が自由に答えられるよ

ウカルちゃんといっしょ　ウカルちゃん、受容するの巻

ヤギ先生の余命は
30年だ！
もうダメだ～
しくしく しくしく
しくしくしくしく
よく分かってくれた！お前には安心して話せるぞ。
ダメだと思うほど、お辛いのですね。
アリノママニ受ケ止メルノヨ～
そんなこと言わず、元気出して下さい！
オーッ!!
これ以上頑張れない…
受容シテナイゾ！

まるっと暗記しよう

①非言語的コミュニケーションは感情を伝える。
②良好な人間関係を築くため、自己開示は少しずつ行う。
③転移は、利用者が援助者へ向ける感情をいう。
④閉じられた質問は「はい」「いいえ」などで答えられる。

3 コミュニケーション障害のある人への支援

コミュ

言語障害の種類と補助具

種類	症状	コミュニケーション方法
運動性失語（ブローカー失語）	・発話が難しい ・聴覚理解は、比較的保たれる	絵カード、漢字、閉じられた質問など ※五十音表は使用できない
感覚性失語（ウェルニッケ失語）	・聴覚理解が難しい ・流暢《りゅうちょう》に話すが言葉として意味をなさない（ジャルゴン・スピーチ）	身振りなど ※五十音表は使用できない
構音障害（運動神経の障害）	・発音が難しい ・言葉の理解はできる	閉じられた質問、筆談、五十音表、コミュニケーションボード、トーキングエイドなど

失語症の人とのコミュニケーションのポイント

運動性失語	・「はい」「いいえ」で答えられる質問が効果的 ・しぐさや表情から、意味を読み取る
感覚性失語	・身振り、手振りの使用 ・ゆっくり、はっきり話して伝える ・大事なことは、筆談で伝える

閉じられた質問

運動性失語の人は話すことが難しいから、「はい」か「いいえ」で答えられる質問をするってことですね！

視覚障害者・聴覚障害者とのコミュニケーション

	コミュニケーション方法	支援のポイント
視覚障害者	点字 ※点字は6個の点の組み合わせを左から右へ読む	・名前を呼んでから自分の名前を言い、用件を話す ・会話の区切りをはっきりさせる ・騒音など雑音に注意する ・視覚情報を言葉で伝える ・聴覚、触覚、嗅覚《きゅうかく》を活用する ・準言語を活用する（視覚に頼らず感情が伝わる）
聴覚障害者	・口話、読話 ・筆談、空書《くうしょ》 ・手話、指文字 ・補聴器など	・正面から話しかける ・表情や口の動きをはっきり、ゆっくり見せる ・補聴器は比較的聞こえのよい耳につける

中途失聴の高齢者に手話や指文字は難しい

筆談をするときは、会話のようにすべて書こうとすると大変なことになる！ 要点を簡単にわかりやすく書くことが大事だぞ。キーワードを活用するんだ！

介護系

認知症の人とのコミュニケーション

施設などにおける環境整備の方法

①以前に暮らしていた部屋に近づける。大切な持ち物や必需品を置く（安心のため）
②徘徊時などに危険の少ない、整理整頓した場所を提供する。休憩スペースがある
③入り口の表札など、わかりやすい環境を提供する

関わり方

①ゆっくり簡潔に話す
②目線を合わせて傾聴し、その人の思いに寄り添う
③聞き取りやすい、静かな環境で伝える
④非言語的な交流を行う
⑤親しみやすく、温かみのある態度で接する

非薬物療法

①回想法（思い出を語る）
②リアリティー・オリエンテーション（RO）（現実の情報を易しく教える。24時間ROと教室ROがある）
③音楽療法（歌、音楽活動など）
④バリデーション（尊厳を回復し、引きこもらないように支援する援助法）
・悲しみなど感情表出を促す
・人生の課題への奮闘を支援する

まるっと 暗記しよう

①運動性失語は発話が難しい。
②感覚性失語は聴覚理解が難しい。
③中途失聴の高齢者に手話や指文字は難しい。
④認知症の人には、ゆっくり簡潔に話す。

4 チームマネジメント

関係

2019年度からの新カリキュラムで盛り込まれた内容だよ

リーダーシップとフォロワーシップ

①リーダーシップ：リーダーが発揮すべき意識・行動。指導力、統率力など

②フォロワーシップ：リーダーを支える、課題達成に向けた意見・行動など

OJTはできたという成果がわかり、信頼関係をつくりやすいぞ

OJT、Off-JT、SDS

OJT	職務を通じて指導・教育する。知識と技術の実践など
Off-JT	職務を離れて指導・教育する。講義、事例研究など
SDS	個人の学習を組織で支援する。研修費用の負担など

スーパービジョン

①教育的、②管理的、③支持的の３つの機能がある

スーパーバイザーは指導する側、スーパーバイジーは指導を受ける側を指す

個別スーパービジョン	スーパーバイザーとスーパーバイジーが１対１で行う。個人の課題を深める効果がある
グループスーパービジョン	１人のスーパーバイザーと複数のスーパーバイジーで行う。多様な視点を取り入れやすい効果がある
ピアスーパービジョン	スーパーバイザーはなし。複数の仲間などで行う。率直な意見交換をしやすい効果がある

まるっと暗記しよう

スーパービジョンの機能は、教育、管理、支持の３つ。

5 ICF（国際生活機能分類）

介護

ICF（国際生活機能分類） 2001年WHO採択

ICFを構成する6つの要素は互いに影響し合う相互作用がある

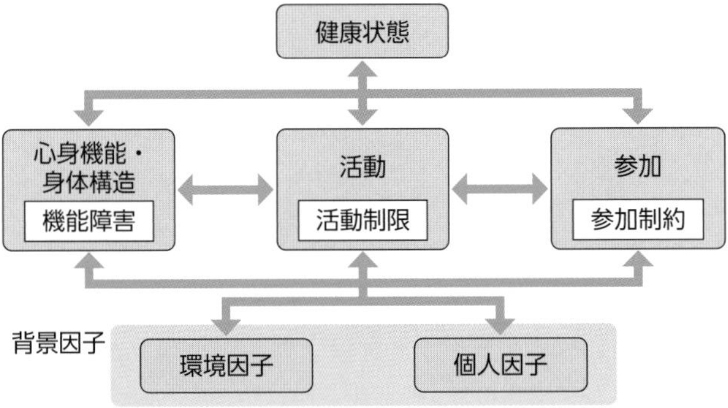

ICIDH（国際障害分類）は、障害を機能障害、能力障害、社会的不利の3つに分類した。そこから発展したICFは、生活のプラス面とマイナス面（障害）の両方をみて「全体像」を把握することができるようになったのだ

イメージで覚えよう

している活動＝実生活での実行状況

できる活動＝訓練室での最大の能力

する活動＝将来の活動（目標）

ICFの構成要素（具体例）

ICFの用語		説明	具体例
健康状態		病気、変調、けがなど	脳卒中後遺症
心身機能・身体構造		身体系の生理的機能、身体の解剖学的部分	・左上下肢が動きにくい ・右上下肢は動く
活動		ADLや家事などを含む、個人的な生活行為 ①能力（できる活動） ②実行状況（している活動）	①つき添いで短い距離を歩ける。車いすを自操できる ②つき添い歩行はしていない。車いすの自操はしている
参加		家庭や社会での役割など、生活・人生場面への関わり	・車で買い物に行く ・ボランティアをしている
背景因子	環境因子	物的環境、人的環境、自然環境、制度など	・車いすとベッドがある ・夫が介護者である ・部屋に光がよく入る ・訪問介護サービスを利用している
	個人因子	年齢、性別、職業、ライフスタイルなど	・80歳、女性 ・調理師をしていた

まるっと 暗記しよう

①ICFは、生活のプラス面とマイナス面の両方をみる。
②活動は、ADLや家事などの個人的な生活行為。
③参加は、買い物などの生活・人生場面への関わり。

6 介護過程

過程

介護過程とは

①利用者の望む生活の実現（自己実現）という介護の目的の達成に向けたもの
②根拠に基づいた介護の実践を可能にするもの
③客観的で科学的な思考と実践の過程のこと

介護過程の展開

① アセスメント
- 情報の収集、分析
- 生活課題（ニーズ）の明確化
  - 利用者の自己実現のために解決すべきこと
  - 複数あるときは優先順位をつける

② 計画の立案
- 目標の設定、支援内容の決定
  - 利用者が主語
  - 実現可能なもの
  - 5W1Hを意識して書く

③ 実施
- 計画の実施

※利用者の尊厳と自立を重視して行う
- 実施状況を把握し、記録する

④ 評価
- 評価は短期目標の期限の終了時に行う
- 短期目標ごとに達成度を評価する
- 計画の継続、修正を検討する

（④ 評価 → ① アセスメント へ戻る）

ケアマネジメントとは似て非なり

情報収集の方法と種類

- ①利用者から、介護福祉職の五感を用いて得る方法、②利用者の家族、他職種から得る方法、③バイタルサインなどを測定する方法、④過去の記録を見る方法がある
- 収集した情報は、主観（思い）と客観（事実）を分けて書く

主観的情報	利用者の思いの情報
客観的情報	誰が見てもわかる客観的事実の情報
介護福祉職のアセスメント（主観）	介護福祉職が考え、判断した情報

目標（利用者の望む生活像）

短期目標	数週間から数か月程度で到達できる具体的な生活像。短期目標の到達を積み重ねることで、利用者の生活が長期目標の到達に向かうように設定
長期目標	半年から１年程度で到達できる生活像

事例検討・事例研究

事例検討	支援の難しい事例について実践方法を検討し、よりよい方法を見出す
事例研究	事例検討や介護過程を展開した結果などから研究テーマを設定して研究する 実践の根拠、介護の原理原則、新しい支援方法などを追求する 対象者の同意を得て、個人情報の保護に配慮する 記録時は、個人が特定されないよう記号化する

まるっと暗記しよう

介護過程は、利用者の望む生活の実現を目指す。

7 ケアマネジメント

介護

ケアマネジメントとは

対象者の社会生活における複数のニーズを充足させるため、適切な社会資源を結びつけるよう援助する展開技術のこと

ケアマネジメントの構成要素

利用者のニーズ ⟷ 社会資源

介護支援専門員が調整してつなぐ

社会資源

・フォーマルな資源
【例】行政、社会福祉事業、企業など

・インフォーマルな資源
【例】家族、親せき、知人、近隣、地域、ボランティアなど

ケアマネジメントのプロセス

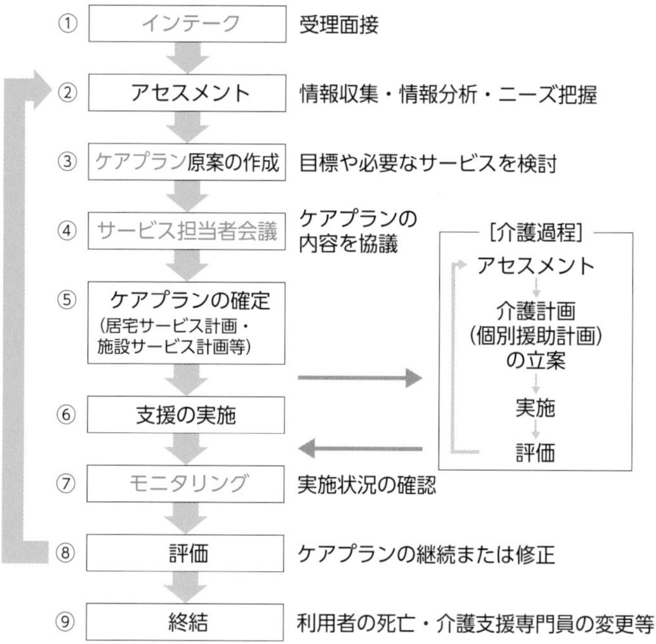

ケアマネジメントでは、いろいろな社会資源（サービス）を組み合わせてケアプランを作成するんですね

なかでも介護福祉職が提供するサービスでは、「介護過程」を展開して「介護計画」を作成するのだ。ケアプランと介護計画は連動させるんだぞ！

まるっと 暗記しよう

①社会資源には、フォーマルとインフォーマルな資源がある。
②サービス担当者会議ではケアプランの内容を協議する。
③モニタリングでは、支援の実施状況を確認する。

8 チームアプローチ

介護

チームアプローチとは

・利用者・家族が中心のチームで行う支援のこと
・多職種が、それぞれの専門的な視点からアセスメントを行う
・メンバーは、統一した目標を持って連携する
・メンバーは、それぞれ対等な立場に立つ
・メンバーの役割分担を明確にする

多職種の理解

職種の名称	業務の内容
介護福祉士	介護を要する人の日常生活を直接的に支援する。利用者の異変に気づいて医療職と連携したり、利用者の思いを代弁したりする役割もある
介護支援専門員	要介護者の相談を受け、ケアプランを作成する（サービス担当者会議を開催）。居宅または施設サービスの利用などの連絡・調整を行う
社会福祉士	日常生活を営むことに支障がある人への相談援助
精神保健福祉士	精神科病院などでの、社会復帰に関する相談援助。地域相談支援の利用に関する相談
医師	医業を行う。業務独占の国家資格
看護師	療養上の世話、または診療の補助を行う
保健師	保健指導を行う。地域包括支援センター、市町村、保健所などに勤務
言語聴覚士	聴覚、言語、嚥下《えんげ》機能に関する訓練や支援を行う
サービス提供責任者	利用者の自宅を訪問してアセスメントし、訪問介護計画を作成する。訪問介護の連絡・調整を行う

理学療法と作業療法の違い

理学療法と作業療法の違いは試験によく出る

	理学療法	作業療法
行為者	理学療法士	作業療法士
対象者	身体に障害のある者	身体または精神に障害のある者
目的	基本的動作能力の回復	応用的動作能力または社会的適応能力の回復
行うこと	治療体操その他の運動、電気刺激、マッサージ、温熱その他の物理的手段を加える	手芸、工作その他の作業

イメージで覚えよう

理学療法 → 基本的(身体への療法) → 運動、マッサージなど
作業療法 → 応用的（実践的な作業）→ 手芸、工作など

報告の方法

- 結論から先に伝える
- 事実を簡潔に伝える
- 介護福祉職の判断は、事実と分けて伝える
- 作業に時間がかかるときは、途中で経過を報告する。完了したらあらためて報告する

まるっと暗記しよう

①チームアプローチは、利用者・家族が中心になる。
②理学療法は基本的動作能力、作業療法は応用的動作能力の回復を目的とする。
③報告する際は、結論から先に、事実を簡潔に伝える。

9 記録

コミュ

記録における注意点

記録の文体	叙述体：客観的に事実をそのまま記録する 要約体：要点を整理してまとめる 簡潔にわかりやすく、必要に応じて５Ｗ１Ｈを用いて記述する
正確に書く	事実と介護福祉職の解釈は、区別して書く。 記録者は署名する。情報源を書く 【例】「Aさんは、楽しくレクリエーションに参加した」 ⇒「Aさんは、よく笑いレクリエーションに参加した。楽しく参加していただけたと思う」
IT化（ICT化）（Information Communication Technology）	メリット：情報の共有・検索・抽出の効率が上がる。情報分析がしやすい デメリット：情報管理のミスなどによる、情報漏えいの恐れなど
個人情報の保護と記録の開示	記録は、鍵《かぎ》のかかる場所で保管（２年間） 個人情報を用いる場合、あらかじめ文書で本人の同意を得る必要がある 個人情報の保護には例外がある（法令に基づく場合、生命・財産などの保護のためであって、本人の同意が困難な場合） 利用者の開示請求には、積極的に応じる

個人情報とは、生存する「個人に関する情報」であって、氏名、生年月日のほか、文書、図面、電磁的記録、音声、動作などで表された特定の個人を識別できるもののことじゃ。また、身体の一部の特徴を電子化のために変換した符号（DNA、指紋など）や公的番号（免許証番号、マイナンバーカード、健康保険証番号など）は個人識別符号といって、これも個人情報にあたるのじゃ

記録に関するNG事例

下線部がNGだぞ！

NG事例
すぐに記録できるよう、記録を机の上に広げておく
勤務時間内に記録できなかったので、自宅で行う
学会で、利用者の事例を匿名化せずに発表した → 匿名にする
データの誤りに気づいた人が修正した → 入力した人が修正
連携のため、本人の同意を得ずにほかの事業所に利用者の情報を伝えた → 本人または家族に同意を得る

記録を書く際にSOAPを活用すると、内容に漏れや無駄がなくなるのよ。
※S（Subjective）：主観的情報、O（Objective）：客観的情報、A（Assessment）：判断・評価、P（Plan）：計画

ヤギ先生のプチ講座

5W1Hってな～に？

いつ	(When)
どこで	(Where)
だれが	(Who)
何を	(What)
なぜ	(Why)
どのように	(How)

これらの頭文字をとって、5W1Hと言う。5W1Hを意識して話すと、伝える側も伝えられる側も、内容がわかりやすくなるぞ

まるっと暗記しよう

①記録は、鍵のかかる場所で保管する。
②個人情報を用いる場合、あらかじめ文書で本人または家族に同意を得る。
③学会で利用者の事例を発表するときは匿名にする。

10 居住環境

生活

居住環境の整備

照明	・200ルクス以上の明るさにする ・夜間の転倒防止のため、足元に照明をつける
床	・段差をなくす カーペットなどの2～3㎝の段差が転倒の原因となる ・床に物を置かない
扉	引き戸＞外開き＞内開きの順によい
浴室	床：すべらない材質 浴槽：またいで入る場合は、できるだけ浴槽の縁の厚みを薄くする またぎやすいように 座位姿勢で入る場合は、入浴台またはバスボードを使う 転倒予防 室温：居室と、脱衣所および浴室の温度差をなくす ヒートショックの予防
トイレの手すり	L字型の手すり：健側の前方に設置する 立ち上がりやすい 横手すり：座位の安定のため、便器の両脇に、跳ね上げ式の手すりを設置する 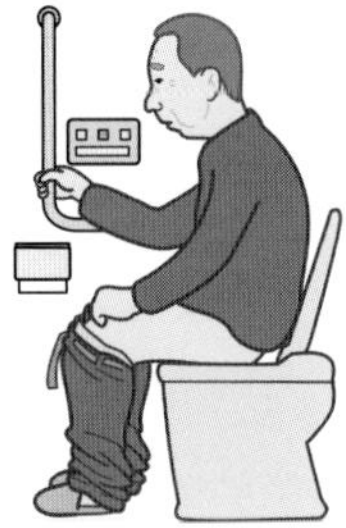
階段の手すり	高さ：大転子部の高さ（75～80㎝程度） 場所：降りるときに、健側に手すりがくるように設置する

規則性で覚えよう

浴槽の縁の高さ＝ベッド高さ＝**膝下**の約40㎝
手すりの高さ＝杖の長さ＝**大転子部**の75～80㎝程度
（2倍）
車いすが廊下を直進で通る幅＝約80㎝

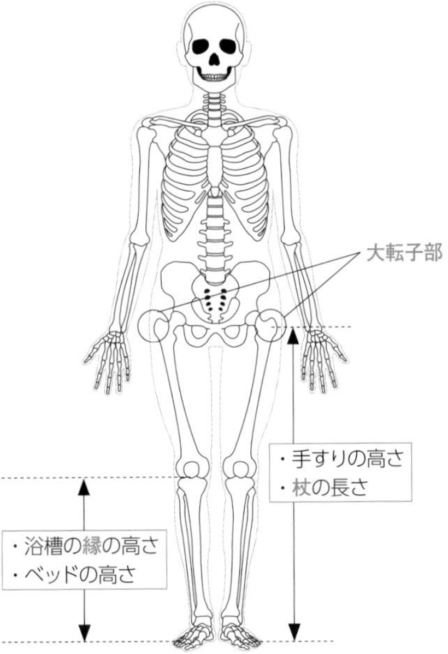
大転子部
・手すりの高さ
・杖の長さ
・浴槽の縁の高さ
・ベッドの高さ

体型は人によるから、「何cm」かではなく、どの部分の長さに合わせるかを覚えるんだ

まるっと暗記しよう

①屋内の扉は、引き戸が望ましい。
②トイレの手すり（L字型）は、健側の前方に設置する。
③階段の手すりは、降りるときに健側にくるように設置。
④ベッドや浴槽の高さは膝下、手すりや杖は大転子部の位置にする。

11 福祉用具・住宅改修

社会 生活

福祉用具貸与種目 【介護保険制度対象】

①車いす
②車いす付属品
③特殊寝台
④特殊寝台付属品
⑤床ずれ防止用具
⑥体位変換器
⑦手すり
⑧スロープ※
⑨歩行器※
⑩歩行補助つえ※
⑪認知症《にんちしょう》老人《ろうじん》徘徊《はいかい》感知機器《かんちきき》
⑫移動用リフト（吊り具除く）
⑬自動《じどう》排泄《はいせつ》処理《しょり》装置《そうち》

特定福祉用具販売種目 【介護保険制度対象】

①腰掛便座
②入浴補助用具
③簡易《かんい》浴槽《よくそう》
④移動用リフトの吊り具の部分
⑤自動排泄処理装置の交換可能部品
⑥排泄予測支援機器
⑦スロープ※
⑧歩行器※
⑨歩行補助つえ※

2024年度から一部の福祉用具（囲みの※）に選択制が導入され、福祉用具貸与または特定福祉用具販売のいずれかを利用者が選択できるようになったよ

ストーリーで覚えよう

入浴・排泄介助で使うものは、レンタルじゃなくて購入しよう！

肌に直接触れるものは、買いましょ～

特定福祉用具販売と住宅改修は、償還払いが原則となっている。償還払いとは、利用者がいったん全額を立て替えて払い、後からその費用の９割（または８割もしくは７割）が介護保険から払い戻されることをいうのだ

杖の種類

・支持基底面積《しじきていめんせき》が広いほど安定（幅の狭い場所は適さない）
・握力が弱い人はカフ付き、関節リウマチなどで肘関節《ちゅうかんせつ》が弱い人は肘《ひじ》置《お》きがあるとよい

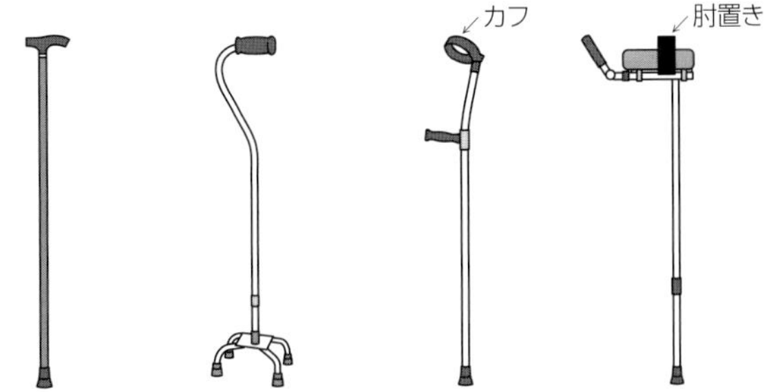

T字杖　多点杖　ロフストランドクラッチ　プラットホームクラッチ

杖《つえ》の特徴、対象者

杖の種類	特徴、対象者など
T字杖	持ち手がU字型のステッキに比べ、支柱に体重をかけやすい。足元から大転子部《だいてんしぶ》(P.153)の長さに調整する
多点杖	安定性に優れている。傾斜や階段での使用は危険。屋外の使用には適さない
ロフストランドクラッチ	カフと握り手の2か所で体重を支えるため、握力が弱い人に適している
プラットホームクラッチ	関節リウマチなどの疾患により手指や手関節に強い負荷をかけられない人や肘関節の動きに制限がある人に適している

歩行器の種類

・片麻痺《かたまひ》のある人には適さない
・交互型歩行器や歩行車は、握力が弱い人に適している
・歩行車は、ブレーキなどで調節し、ゆっくり進む

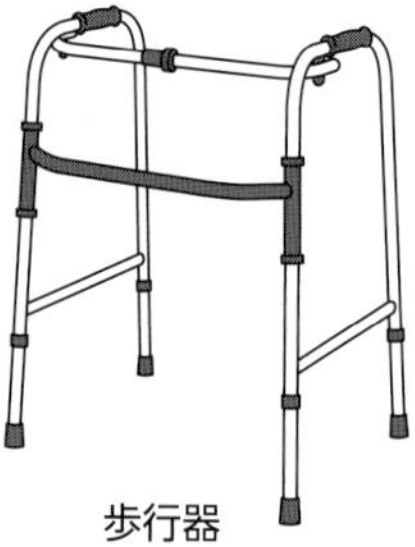

歩行器

歩行車

補装具の種類

短下肢装具		長下肢装具	
【使用目的】 下腿部《かたいぶ》から足部までを覆い、足関節を制御する **【適用】** 片麻痺、腓骨《ひこつ》神経麻痺、脳性麻痺など	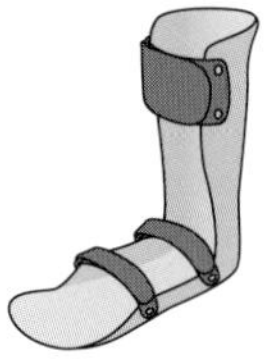 ①足関節、②つま先、③下腿の順に固定して装着する	**【使用目的】** 大腿部より足底までを覆い、膝関節と足関節を制御する **【適用】** 片麻痺、脳性麻痺など	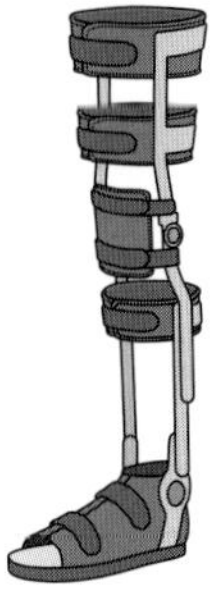

住宅改修 【介護保険制度対象】

住宅改修は工事を伴うものが給付対象となるよ。取り外し可能な手すりやスロープは対象外！

①**手すり**の取り付け
②**段差**の解消
③床または通路面の材料の変更（滑《すべ》りの防止および移動の円《えん》滑《かつ》化《か》等のため）
④引き戸等への扉の取り替え
⑤**洋式**便器等への便器の取り替え
⑥その他①～⑤に付帯して必要となる住宅改修（下地の補強など）

既存の洋式便器の位置や向きを変更する工事は給付対象となるけど、暖房機能や洗浄機能を付加するだけのものは対象外だよ。どのような工事が給付対象となるのか、しっかり理解しようね

住宅改修は、車いすや杖で住宅内を移動できるようにすることが目的なんですね！

住宅改修にかかる費用(居宅介護住宅改修費)は、居住する住宅に**20万円**まで支給されるのじゃ。転居したり要介護度が著しく重くなったりしたら再度受給できることを押さえておくとよいぞ

まるっと暗記しよう

①排泄・入浴関連の福祉用具は、介護保険制度の特定福祉用具販売種目である。
②ロフストランドクラッチは握力の弱い人に適している。
③歩行器は、片麻痺のある人には適さない。
④住宅改修は、工事を伴うものが給付対象となる。

12 災害への備え・被災時の対応

社会

災害への備え

・家具は、できるだけ建物本体に固定する
・戸棚は、収納の飛び出し防止機能があるものにする。ガラスには飛散防止フィルムを貼る
・戸外への避難経路は、少なくとも２方向確保しておく
・社会福祉施設等では、スプリンクラーの設置と、火災通報装置を自動火災報知設備と連動して起動させる義務がある

避難所・避難生活

一般避難所	学校の体育館、公民館など。地域の住民等が避難
福祉避難所	介護福祉施設や福祉センターなど。障害者、高齢者、医療的ケアを必要とする人など、支援の必要な人とその家族が避難
仮設住宅	住宅が全壊・流失し、自らの資力では住宅確保が困難な人に提供

防災マーク

	一般図記号	避難場所図記号
洪水・内水氾濫《はんらん》		
高潮・津波		
土石流		

まるっと暗記しよう

福祉避難所には、支援の必要な人とその家族が避難する。

13 ボディメカニクスの原則

生活

ボディメカニクスとは

・ボディメカニクスとは、人間の骨・筋肉・関節・神経などの相互関係によって起こる姿勢・動作のこと
・最小の力で最大の効果を発揮することができる

ボディメカニクスを活用することで、腰痛の予防にも役立つのだ！

ボディメカニクスの原則

腹筋や背筋などのこと

①支持基底面積を広くとる	⑥大きな筋群を使う
②重心を低くする	⑦手前に引く
③お互いの重心を近づける	⑧重心を移動する
④利用者の身体を小さくまとめる	⑨足先を動く方向に向ける
⑤水平に移動する	⑩てこの原理を応用する

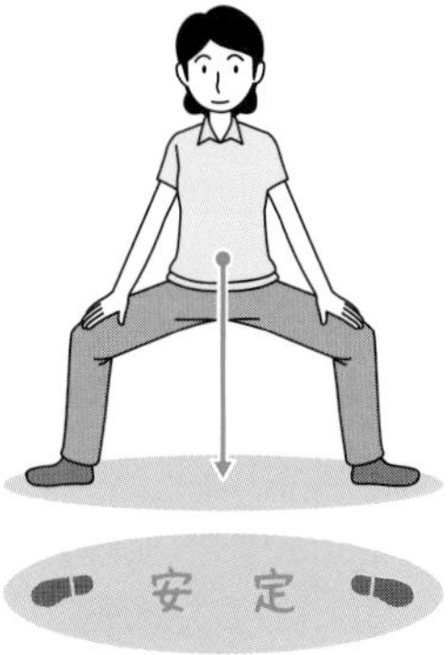

安　定

支持基底面積が広い
重心が低い

○＝支点

てこの原理を応用する

まるっと暗記しよう

支持基底面積が広く、重心が低いと、身体が安定する。

14 褥瘡予防

生活

褥瘡予防のポイント

①適切な離床
②褥瘡予防用具（エアマットなど）の使用
③体位変換（おおむね2時間ごと）
④摩《ま》擦《さつ》を防ぐ、しわを作らない
⑤皮膚の清潔を保つ（おむつ内の清潔・入浴）
⑥たんぱく質、ビタミンCを摂取し、栄養状態を良好に保つ

寝返り・起き上がりが自立している人には、動きの妨げになるため用いない

褥瘡の好発部位（仰臥位、側臥位）

仰臥位

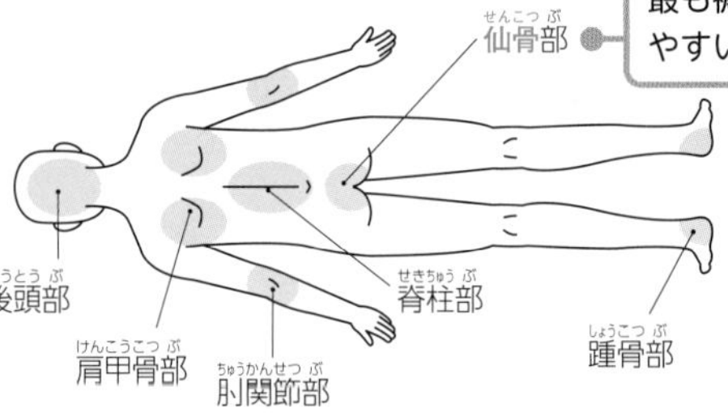

側臥位

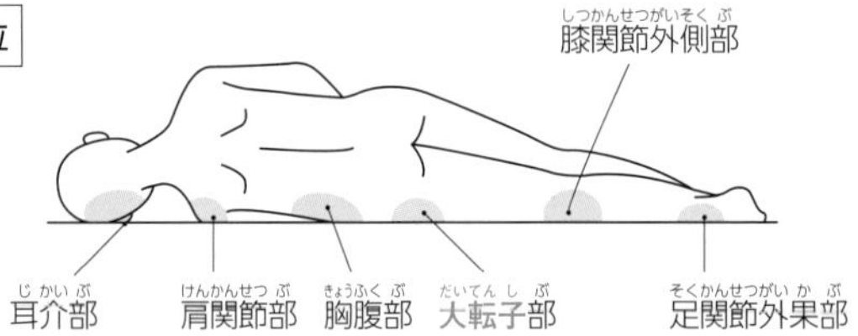

まるっと暗記しよう

褥瘡好発部位は、仰臥位は仙骨部、側臥位は大転子部。

15 杖歩行の介護

生活

3動作歩行

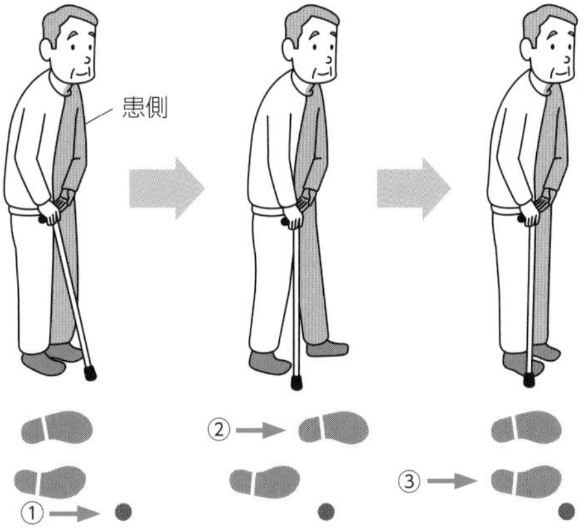

①杖　②患側の足　③健側の足

※2動作歩行は、①と②を同時に出し、次に③をそろえる

階段の杖歩行

階段の昇り	①杖　⇒　②健側　⇒　③患側
階段の降り	①杖　⇒　②患側　⇒　③健側

患側の足は力が入らなくて不安定だから、階段を昇るときだけ「杖、健側、患側」の順になるんだぞ

まるっと暗記しよう

3動作歩行は、杖、患、健。

16 車いすの介護

生活

車いすとベッドの位置

・車いすに移るときは、車いすが健側にくるように
・ベッドに移るときは、ベッドが健側にくるように
※車いすをベッドに近づけてブレーキをかけ、フットサポートを上げる

利用者が健側から移動できるようにする

車いすに移乗する方法

〈一部介助の場合〉

①利用者はベッドに浅く座り、健側の足を少し手前に引く
②介護福祉職は患側に立ち、利用者の患側の膝に手を当てる（膝折れ防止）
③利用者は、前傾しながら立ち上がり、健側下肢を軸に回転して車いすに座る

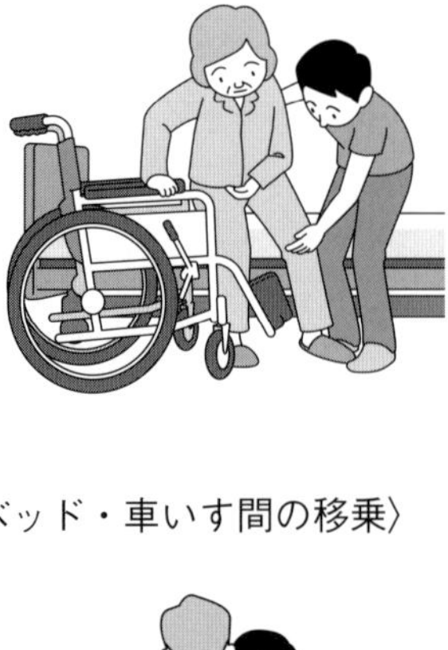

〈スライディングボードを使用したベッド・車いす間の移乗〉

乗り移る側を少しだけ低くする

スライディングボードを使えば、利用者も介護福祉職も楽に移動することができるのだ

スライディングボードの上を、滑って移乗する

車いすの移動

キャスタ（前輪）を上げるのは、地面がデコボコしてるときや段差があるとき、踏切を渡るとき！

場面	上り	下り
段差	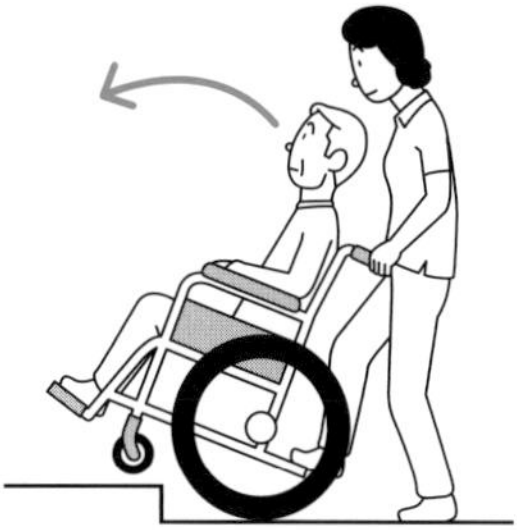 キャスタを上げる	 後ろから降りる
坂	 上りは前向き	 下りは後ろ向き

ベッドや車いすから立つときや、立位を維持するときに働く筋肉（抗重力筋）は、大腿四頭筋が中心となる！　あわせて覚えておくのじゃ

まるっと暗記しよう

①ベッドから立つときは、浅く座り、健側の足を手前に引く。
②車いすで段差を降りるときは、後ろ向きにする。

17 視覚障害者の介護

生活

視覚障害者の移動の介護

基本姿勢	階段
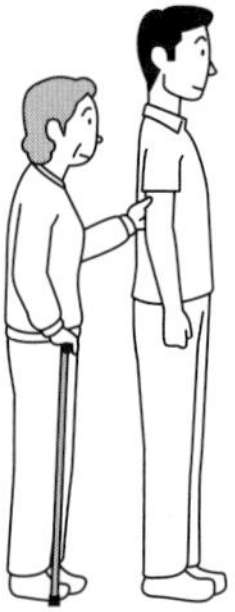	
・介護福祉職は、利用者の斜め**前方**に立つ ・利用者は、介護福祉職の上腕につかまる	・最初の段の前で止まる ・利用者は、杖で段差を確かめる

○ドアの開閉
・介護福祉職がドアを開ける
・利用者がドアを閉める

○車の乗降
・介護福祉職は**後**から乗り、**先**に下りる（転落予防）
・利用者がドアに頭をぶつけないようガードする

○いすに座る
・背もたれや座面に触れてもらう
・膝裏をいすに付けると安心して座れる

ストーリーで覚えよう

介護福祉職は利用者の斜め前方に立つ
→ドアを開けるのは必然的に**介護福祉職**になる

視覚障害者の食事の介護

12
1
2
3
4
5
6
7
8
9
10
11

時計の文字盤に見立てて（クロックポジション）、食事の位置を説明する
例）10 時の方向に煮物があります

点字ブロックの種類

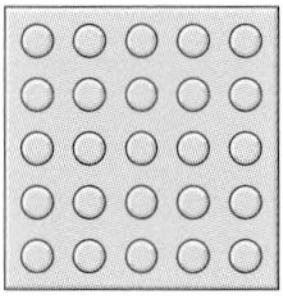

警告・止まれ

誘導・進め

駅のホームでは、
点字ブロックを
踏まないように、
内側で待つのね
アブナイからだよ～

まるっと 暗記しよう

①誘導歩行時は、視覚障害者は介護福祉職の上腕につかまる。
②視覚障害者の食事は、クロックポジションで説明する。
③電車を待つときは、点字ブロックの内側で待つ。

18 食事の介護

生活

誤嚥を予防する食事の介護

①排泄《はいせつ》を済ませ、手と口を清潔にする
②食前に嚥下体操や唾液腺《だえきせん》マッサージ、アイスマッサージを行い、唾液の分泌を促す
③姿勢を整える
④介護福祉職は、健側に座る
⑤水分と食物を交互に摂取する（高齢者は唾液の分泌が少ないため）
⑥少量を一口ずつ、飲み込みを確認しながら介助する
⑦食後は口腔ケアを行い、食後30分程度は、身体を起こす（消化を助けるため）

Q 食事の介護のとき、なんで介護福祉職は利用者の健側に座るんですか？

A 患側の口の中を確認するためだ。たとえば、歯に食べ物が挟まったとき、舌で取りのぞこうとするだろう？　けれど片麻痺があると患側が動かしづらいから、食べ物が溜まりやすいのだ

Q 患側は食べ物が挟まったということも感じづらいのですよね？

A その通り！ だから介護福祉職が利用者の口の中を確認する必要があるのだ。食べ物が挟まりやすいということは、虫歯になるリスクも高いから、患側をしっかり歯磨きすることも大切だぞ

Q トレーの左側にある食事を残す利用者がいるのですが、どうすればよいですか？

A 左半側空間無視の症状があるのだろう。患側（左）にある食器は認識しにくいから、健側（右）へ移動させるとよいぞ

食事の姿勢（座位）

しっかり覚醒するため

- 座《ざ》位《い》が保てる場合は、できるだけ座位で食事をする
- いすに深く腰かける
- 車いすの場合、フットサポートから足を下ろす
- テーブルは、肘《ひじ》を軽く曲げ、手を自然に乗せられる高さにする

食事の姿勢（半座位）

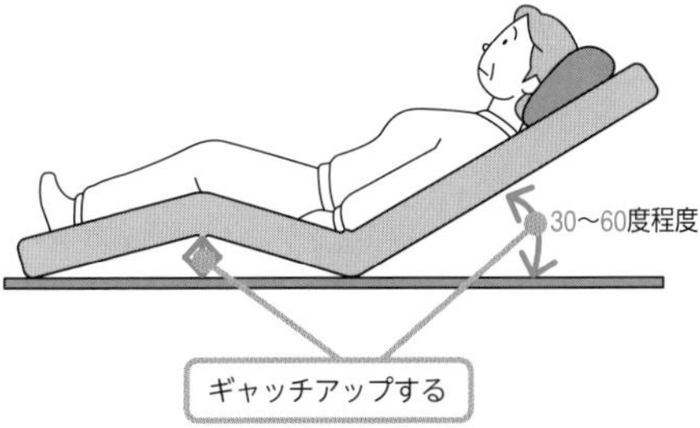

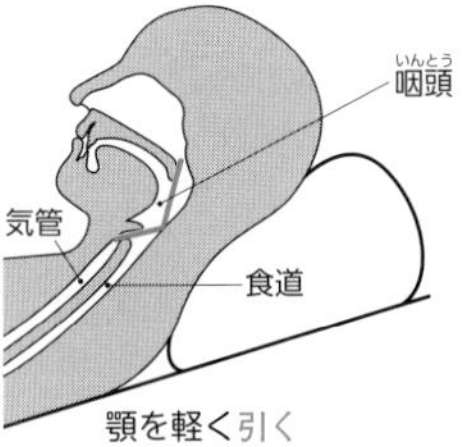

顎を軽く引く
気管に食物が入りにくい角度になる

- 座位が保てない場合は、ベッド（またはリクライニング車いす）をギャッチアップした姿勢にする
- ギャッチアップができない場合は、患側の下にクッションなどを入れ、健側をやや下にした側《そく》臥《が》位《い》にする

まるっと暗記しよう

①食前に嚥下体操、唾液腺マッサージなどを行って、誤嚥を予防する。
②半側空間無視がある場合は、食器を健側に移動する。
③食事の際は、顎を軽く引いた姿勢にする。

19 誤嚥・窒息・脱水の予防

医療 生活

口腔のしくみ

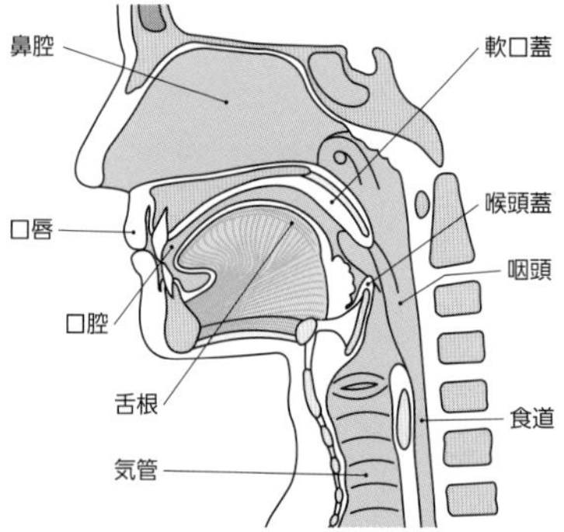

食物を飲み込むときは、噛《か》んで唾液と食物を混ぜ合わせた食《しょっ》塊《かい》を作るのね

咽頭から食道に食塊を運ぶときは嚥下反射が起きて、喉頭蓋《こうとうがい》が気管を塞ぐのだ

誤嚥しやすい食べ物

サラサラした液体	お茶、みそ汁
かみきりにくいもの	イカ、タコ、肉
パサパサしたもの	パン、カステラ
バラバラになるもの	ピーナッツ、クッキー
張りつくもの	わかめ、のり
粘《ねん》度《ど》が強いもの	もち、だんご
細長いもの	ラーメン、そば
酸味の強いもの	酢の物

嚥下機能が低下した人への食事は、柔らかく、しっとりまとまるよう、とろみをつける、ゼリー状にするなどの工夫をする

窒息時にみられる状態と対応

窒息時にみられる状態	窒息時の対応
・急に黙る ・動かなくなる ・苦しい表情（のどに手をやるチョークサイン） ・意識がない。ぐったりする	①咳を促し異物を吐出させる ②咳が出ない→背部叩打法《はいぶこうだほう》、腹部突き上げ法（P.115） ③意識がない→指拭法《ししょくほう》（P.115）、救急車

1日当たりに必要な水分量

体重50kgの場合、1日約2,000ml

食事以外からの水分摂取量＝1,000～1,500ml／日

高齢者の脱水の症状

・尿量や体重が減少する
・口唇や舌が乾燥する
・腋窩《えきか》の湿気がなくなる
・まなざしがうつろになる

連携、連携！
このような症状がみられたら、すぐに医療職に連絡するんだね！

脱水の予防

・こまめに水分をとる
・嚥下機能が低下している場合は、とろみやゼリーを使用する
・経口補水液を使用する（水＋糖分＋電解質）

体液に近い成分で吸収力が高い

まるっと暗記しよう

①パンやカステラなどパサパサしたものは誤嚥しやすい。
②脱水になると、尿量が減少し、口唇や舌が乾燥する。
③こまめに水分をとり、脱水を予防する。

20 排泄のしくみ

こころ

排尿のしくみ

血液（不要物を含む） → 腎臓（大脳から指令） → 排尿

腎臓：ろ過と必要成分の再吸収

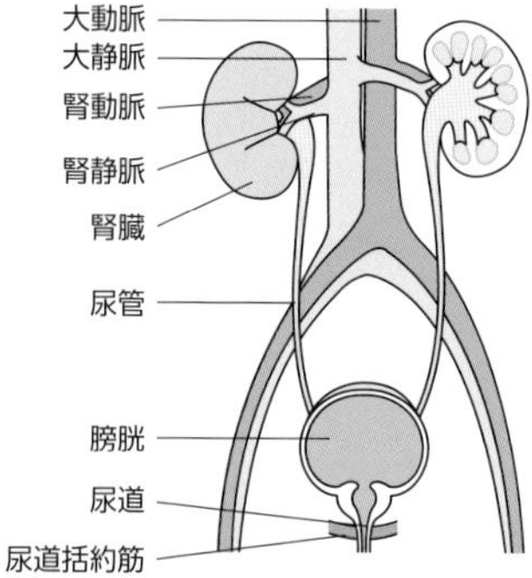

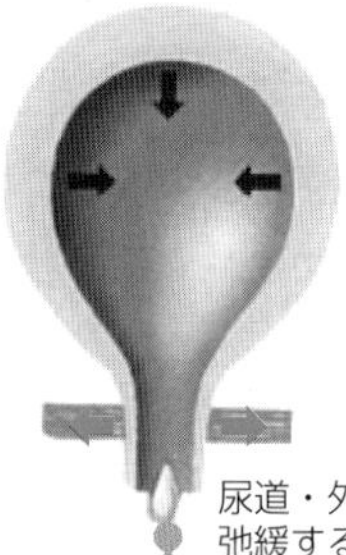

女性の尿道は短く直線的であるため、尿路感染を起こしやすい

尿の観察のポイント

正常な排尿	
1回の尿量	150～300ml （30秒以内に出せる）
1日当たりの尿量	1,000～2,000ml
日中/夜間の回数	4～7回/0～1回
色	淡黄色、浮遊物がない
その他	痛みがない・残尿もない

色：茶褐色・白は異常

イメージで覚えよう

1回の尿量は…300mlペットボトル半量～1本
1日の尿量は…500mlペットボトル2～4本

排便のしくみ

主に小腸では栄養を、大腸では水分を吸収しながら、蠕動《ぜんどう》運動で肛門《こうもん》まで運ばれる

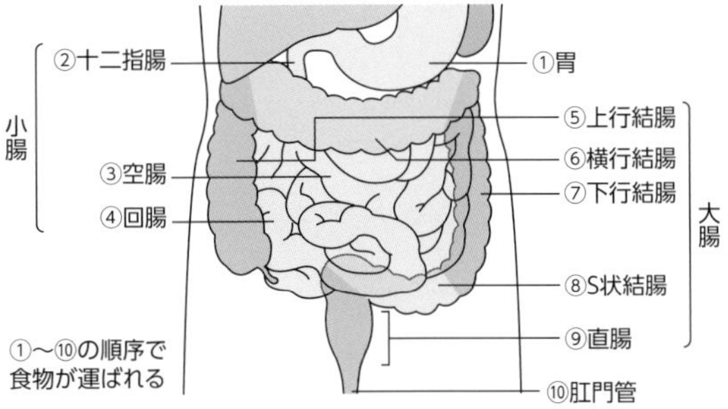

便の観察のポイント

正常な排便	
1回の便量	100〜250gのまとまった便
便の回数	1日1〜3回ないし1〜3日に1回程度
色	黄〜黒褐色 ― 白・黒は異常
性状	水分が80%程度含まれる、適度な硬さ・バナナ状

急に細くなった場合は、腫瘍の可能性があるので注意

尿や便の色の異常は注意だぞ。黒い便は、胃や小腸などで出血している可能性がある

尿や便から健康状態がわかるんですね！

まるっと暗記しよう

正常な尿は、淡黄色で浮遊物がない。

21 排泄の介護

生活

排泄介護の留意点

- いつでも気兼ねなく排泄できるように支援する
- タオルなどをかけ、プライバシーに配慮する
- 自立に向けて、身体の状態に合った方法を選択する
- 日中は、利用者の排泄のタイミングに合わせて介助を行う

尿器・差込便器使用時の留意点

- 差込便器の中にペーパーを敷き、飛び散りを防ぐ。男性は、尿器も準備する
- 差込便器を当てた後、ギャッチアップする

腹圧をかけやすくする

- 陰《いん》部《ぶ》洗浄《せんじょう》を日に1回は行う。女性の場合は前から後ろに行い、感染を防ぐ

後ろにある肛門から、尿道に菌が入らないようにするため

ポータブルトイレ使用時の留意点

ポータブルトイレ	留意点
	・夜間は、覚醒《かくせい》を確認する ・すべり止めマットを敷く ・ベッドに手すりを設置する ・ペーパーや清拭《せいしき》タオルを用意する ・介護福祉職は席を外す 座位が保てない人の場合は、離れない

おむつ使用時の留意点

安易なおむつの使用は利用者の尊厳を傷つけるため、他の手段がない場合に使用するのだ

おむつ	留意点
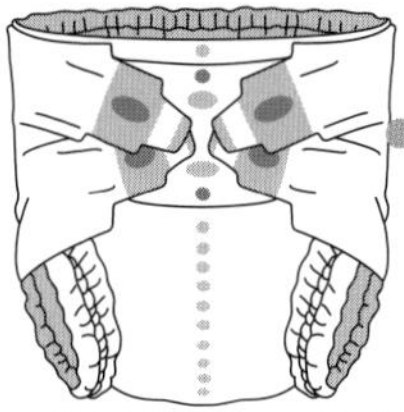	・濡《ぬ》れたらすぐ取り替える ・側臥位にして、おむつを内側に丸め、取り替える ・腹部とおむつとの間には、指2本程度の余裕があるようにする

上側のテープは足元に向けて斜めに止める。下側のテープは腹部に向けて斜めに止める

便秘の予防

朝は副交感神経が優位なため、腸が活発に動く

ポイント	理由（例）
朝食後、トイレにゆっくり座る	・腸の動きが活発になる朝食後に排便を試みる（胃・結腸反射） ・座位の姿勢は腹圧がかかり、重力で排便しやすい
食物繊維、乳酸菌、水分、油分の多い食事をとる	・便の量を増やし、軟らかく出やすくする ・乳酸菌は腸内環境を整える
運動やマッサージをする	腸の動きを活発にする（腹部を腸の走行にそって「の」の字にマッサージする）
気兼ねなく排泄できる環境	・リラックスし、副交感神経を優位にする ・タイミングを逃さずに排泄介助を行う

ごぼう、さつまいも、ヨーグルト、牛乳、冷たい水をとるとよい

自然排便が困難な場合は、座薬などを用いるぞ。挿入時は、利用者を側臥位にして膝を軽く曲げてもらい、とがっているほうから肛門に入れるんだ。挿入後は座薬が排出されないか確認！

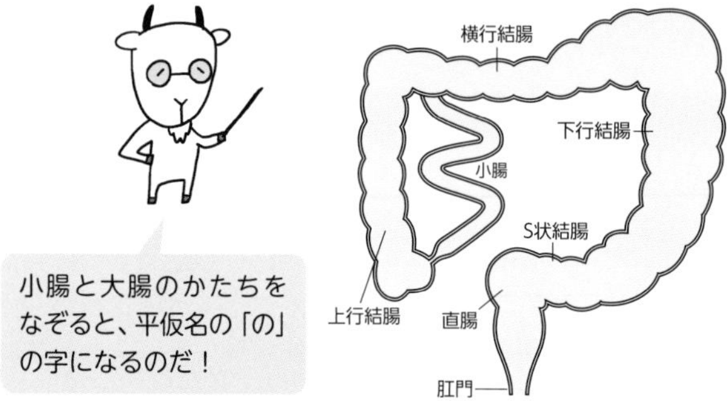

下痢の対応

・消化に悪いもの、冷たいものを避け、食事は少しずつ行う
・脱水予防のために、水分を摂取する
・腹部を温める
・全身状態やバイタルサインを観察する（意識、顔色、体温、呼吸など）

状態に応じた排泄の介護

膀胱留置カテーテル	バッグ内の排尿を捨てる 水分の摂取を促す（感染症の予防）
ストーマ（人工肛門）	パウチ内の排泄物を捨てる（肌に接着したパウチの交換を除く）
自己導尿	自己導尿する人の体位を支える（座位の姿勢）
座薬、浣腸《かんちょう》	利用者を側臥位（浣腸の場合は左側臥位）にし、軽く膝を曲げてもらう。挿入しやすいよう潤滑剤をつける。浣腸液は39～40℃に温めて使う

まるっと暗記しよう

①便秘予防には、食物繊維や乳酸菌、油分の摂取が有効。
②下痢のときは、水分を摂取し、腹部を温める。

22 入浴の介護

生活

入浴の３大効果

温熱効果	身体が温まる。リラックスし、精神が安定する
浮力効果	腰や膝《ひざ》への負担が減る（少ない負担で関節運動ができる）。身体が浮かび、不安定になる
静水圧効果	・浴槽《よくそう》に浸かっているところに、圧がかかる ・心臓や呼吸器に疾患がある人は、心臓より下の水位とするか、半身浴がよい

入浴時の事故と予防のポイント

冬場は特に注意！

入浴手順は、利用者の心身の状況に合わせる

場所	事故の例	予防のポイント
室温	血圧の変動（ヒートショック）	脱衣所と浴室の温度差を少なくする
床	転倒	・脱衣所は、床の水を拭《ふ》く ・浴室は、移動の前に石けんの泡を流す
湯温	やけど 湯温が42℃以上になると血圧上昇､呼吸・心拍数が増加	・湯温は、介護福祉職の前腕の内側で確認する ・中温以下（38～41℃）で入浴する
入浴時間	立ちくらみ、脱水、熱中症、意識障害	湯に浸かる時間は、10分程度（個人差あり）
入浴後	脱水、血中濃度の変化、皮《ひ》膚《ふ》の乾燥など	水分摂取

事故予防のための浴室の整備

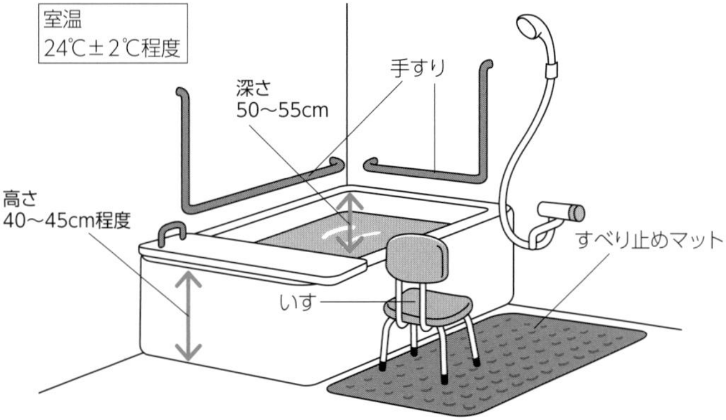

①浴槽の高さ：床から40〜45㎝程度（膝くらいの高さ）
②浴槽の深さ：50〜55㎝
③浴槽の長さ：和《わ》洋《よう》折衷《せっちゅう》型《がた》で、110〜130㎝程度

介助の手順

①介護福祉職の前腕の内側で湯温を確認する
②利用者の足元から（心臓に遠いほうから）湯をかける

心臓に負担をかけないため

③利用者が自分でできないところを介助する
④浴槽に入るときは、健側から入ってもらう

浴槽に入る際に、バランスを崩さないため

まるっと 暗記しよう

①脱衣所と浴室の温度差を少なくし、ヒートショックを予防する。
②湯温が42度以上になると、身体への負担が大きくなる。
③湯温は介護福祉職が確認し、やけどを防ぐ。
④心臓から遠い足元から湯をかける。

23 清潔保持の介護

生活

清拭の留意点

湯温	50～55℃程度
タオル	一度拭くごとに面を変える。石けんをつける場合は、すぐに湯拭きし、次に水分を拭き取る。寒くならないよう、手早く行う
顔	最初に目を拭く。目頭から目尻に向かって拭き、細菌が入ることを防ぐ
身体	末梢から中枢に向かって拭く
陰部《いんぶ》・臀部《でんぶ》	女性の陰部は、前から後ろに向けて拭く。臀部は、肛門を最後に押さえるように拭く

タオルが冷めてしまうから、高めの温度に！

血液を心臓に戻し、循環を促進させるため

目頭から目尻に向かって拭く

手浴・足浴

手浴・足浴の効果

①手足が清潔になり、さっぱりする
②身体を温める
③血液循環を促進する
④皮膚を健康にし、拘縮《こうしゅく》を予防する

とくに足浴は、リラックスし入眠効果が高い

整容の介護の留意点

耳垢の除去	・目に見える範囲内（入口から1cm程度）で行う ・耳垢塞栓の場合は医療職に報告	ピンセットは使わない
爪切り	・入浴後の爪が柔らかいときに行う ・爪の先端の白い部分を1㎜ぐらい残し、割れないように少しずつまっすぐ切る ・爪やすりを端から中央に向かってかけ、角を丸める	巻き爪防止
電気かみそりによるひげ剃《そ》り	・電気かみそりを他の利用者と共用しない。介護福祉職は手袋をつける ・電気かみそりを肌に対して軽く90度に当てる ・指で皮膚を伸ばしてひげを立たせ、毛の流れに逆らって剃る ・電気かみそりをゆっくり動かして剃る ・仕上げにローションやクリームをつける ・使用後は、外刃を外して水洗いし、十分に乾燥させる。水洗いできないものは、外刃を外し、付属のブラシでひげクズをかき出す	感染症の予防 肌を傷めない 外刃の内側にひげを入りやすくする 肌荒れの防止

爪白癬、肥厚した爪、糖尿病などの疾患のある人の爪切りは、介護福祉職にはできないから医療職が行うのね。あわせて「原則として医行為にならない行為」（P.118を参照）も確認しておこう

洗髪の留意点

美容院でシャンプーしてもらうときと同じだね！

洗髪の流れ

ブラッシングする	髪に付着したごみを浮かす
↓	
シャンプーを泡立ててつける	直接シャンプーをつけると、頭皮への刺激が強い シャンプーはつけすぎないように注意する
↓	
頭皮を傷つけないように指の腹でマッサージする	髪の生え際から頭頂部に向かって、頭皮を傷つけないよう、やさしく揉《も》むように洗う
↓	
シャンプーの泡を拭き取ってからすすぐ	少量のお湯で洗い流せるように
↓	
乾かす	ドライヤーは20cm程度離して、頭皮をよく乾かす

ベッド上で行う場合

・ベッド上で行うときは、ケリーパッドを使う
・後頭部は、顔を横に向けて洗う
・すすぎの際は、低い位置からお湯をかける

ケリーパッド

まるっと 暗記しよう

①身体は、末梢→中枢の方向に向かって拭く。
②顔は目頭→目尻の方向に拭く。
③爪は、白い部分を１mmぐらい残して切る。
④爪に異常がある人などの爪は、医療職が切る。

24 衣服の着脱の介護

生活

着脱介護のポイント

環境	室温は24℃±2℃程度（季節によって異なる）
服装	・肌の露出を少なくし、プライバシーを守る ・服は利用者に選択してもらう
介護	・座位が保てる人は、座位で行う。自分でできるところは、自分で行う ・介護福祉職は患側に立ち、利用者の患側への転倒を防ぐ ・脱ぐときは健側から、着るときは患側から（脱健着患）→患側の負担を減らす

前開きの上着の着脱介護（座位）

①脱ぐときは、健側から　②着るときは、患側から

患側
健側の袖がきつくて脱ぎにくいときは、患側の肩口を広げるとよい

イメージで覚えよう

◆先に健側を脱いでしまえば
　→　患側が動かせなくても、服を動かして脱げる
◆先に患側を着てしまえば
　→　健側を動かして楽に着られる

実際にやってみるとよくわかる！

ズボンの着脱介護（座位）

①立位になり、大腿部までズボンを下げる
②座位になり、健側の下肢からズボンを脱ぎ、患側の下肢からはく。患側の足を健側の大腿の上に乗せると、自力で着脱しやすい
③もう一度立位になり、腰部《ようぶ》までズボンを上げる

臥床の場合

①健側の袖を脱ぎやすくするために、患側の肩口を広げる。健側の袖を脱がせて衣類を丸め、背中の下に差し込む。健側を下にした側臥位にし、脱いだ衣類を引き出し、患側の袖を脱がせる
②新しい衣類の患側の袖を通し、衣類の背中の中心を脊柱に合わせ、衣類を身体の下へ差し込み、仰臥位《ぎょうがい》に戻す
③身体の下に差し込んだ衣類を引き出し、健側の袖を通す。ボタンを留め、衣類のしわを伸ばす
④ズボンは、健側、患側の下肢の順に脱がせる
⑤患側、健側の下肢の順にズボンをはかせ、しわを伸ばす。安楽な姿勢にする

高次脳機能障害では、運動機能や感覚機能に障害はないのに、正常な手順や動作ができなくなる「失行」がみられることがある。着脱時には、衣服の左右を間違えることが多いため、左右がわかるような印をつけると、自分で着替えやすくなるんだ

まるっと暗記しよう

①着る服は、利用者自身に選んでもらう。
②衣類は、健側から脱いで患側から着る（脱健着患）。
③着衣失行がある場合、衣類に目印をつける。

25 口腔ケア

生活

口腔ケアの目的

口臭の原因は、虫歯、歯石、歯周病、舌苔、唾液の減少など

疾患の予防	口腔内細菌を減らし、虫歯や歯周病、誤嚥性肺炎《ごえんせいはいえん》を予防する
食欲増進	正常な味覚を保ち、唾液《だえき》の分泌《ぶんぴつ》も促す
身だしなみ	口臭《こうしゅう》を予防する
嚥下機能向上	口腔周囲筋《こうくうしゅういきん》のリハビリテーション

口腔ケアの方法

歯磨きの際は、頭部を少し前屈させると誤嚥を防げるよ

ブラッシング法	歯ブラシで磨く	・歯ブラシを鉛筆の持ち方で軽く握る ・軽い力で小刻みに動かしながら磨く
口腔清拭法	口腔内を拭く	・奥から手前に清拭する ・スポンジ、ガーゼなどで行う
含嗽法《がんそうほう》	口をすすぐ	殺菌効果がある洗口剤や緑茶、レモン水で行う方法もある。誤嚥に注意

含嗽とはうがいのこと

誤嚥しないように水をよくしぼる

食前の口腔ケアと嚥下体操・唾液腺マッサージ

効果	・唾液の分泌を促す ・口腔周囲筋の柔軟性、筋力を高める ・嚥下反射を促す

→

・嚥下機能を高める
・誤嚥性肺炎を予防する

- 口腔ケアは、食前と食後の両方で行うとよい
- 嚥下体操、唾液腺マッサージは、食前に実施すると効果的
- 口腔内細菌が増えやすいので、経管栄養の人も口腔ケアを行う

義歯の取り扱い

着脱方法	下顎義歯《かがくぎし》から外し、上顎義歯《じょうがくぎし》から装着する。下顎義歯は、前歯部分を引き上げて外す。上顎義歯は、空気を入れるように義歯の後方を下げ、左右に回転させて外す
洗浄方法	・毎食後、義歯用歯ブラシの硬い毛部で義歯床の内側を、柔らかい毛部で義歯全体を磨く（傷つけないため） ・水またはぬるま湯で、流水下で洗浄する
夜間の保存	・水につける（乾燥によるひび割れ防止のため） ・週に１回は、義歯洗浄剤を使用する

●義歯の外し方

総義歯の場合（上顎義歯）

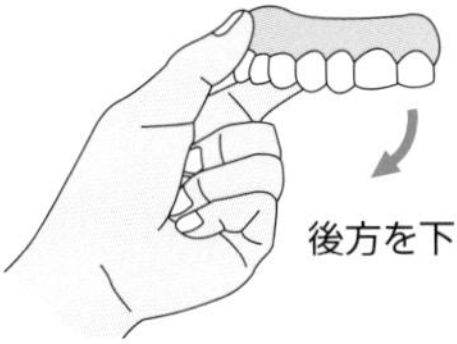
後方を下げる

部分床義歯（クラスプ付き）の場合（下顎）

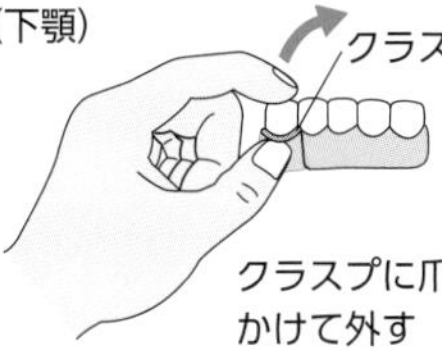
クラスプ
クラスプに爪をかけて外す

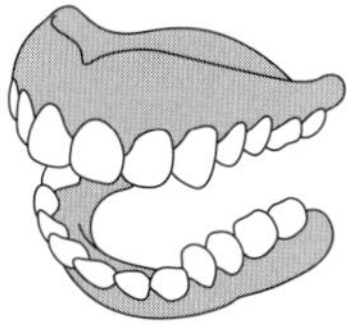

義歯は、上顎の方が大きい。だから、装着するときは上を先、外すときは下を先にするといいのだ

まるっと暗記しよう

①口腔ケアの目的は、誤嚥性肺炎や口臭の予防、唾液の分泌促進。
②歯ブラシは、軽い力で小刻みに動かしながら磨く。
③経管栄養の人も口腔ケアを行う。
④乾燥による破損を防ぐため、義歯は水につけて保管。

26 栄養と健康管理

こころ 発達 生活

主な無機質・ビタミン

栄養素のはたらきと一緒に、病気の悪化予防の食事を覚えると効率的だね！

無機質	はたらき	欠乏症状	多い食品
カルシウム	骨の形成	骨粗鬆症《こつそしょうしょう》	牛乳、小魚、ひじき
鉄	赤血球の形成	貧血	ひじき、レバー、大豆
カリウム	血圧の調整 骨密度の増加	筋肉の脱力感	野菜、いも類、 豆類

ビタミン		はたらき	欠乏症状	多い食品
脂溶性	A	視力の調整	夜盲症《やもうしょう》	レバー、うなぎ、 緑黄色野菜
脂溶性	D	カルシウムの 吸収	骨粗鬆症	魚、干ししいたけ、 卵、乳製品
脂溶性	E	酸化防止 老化防止	貧血	ナッツ、大豆、 緑黄色野菜
脂溶性	K	血液凝固 骨の形成	血液凝固遅延 骨粗鬆症	緑黄色野菜、納豆
水溶性	B_1	糖質の代謝	脚気《かっけ》	米ぬか、豚肉、 豆類
水溶性	B_2	糖質・脂質の 代謝	口角炎、皮膚炎	レバー、牛乳、卵
水溶性	B_6	アミノ酸の代謝	皮膚炎、口内炎	レバー、豆類
水溶性	C	コラーゲンの 合成	壊血病《かいけつびょう》	野菜、果物、緑茶、 いも類

疾病ごとの食事の注意点

疾病	×：過剰摂取	○：よい食生活と習慣
高血圧症	・エネルギー ・塩分 ・アルコール	・カリウムの多い野菜や果物
糖尿病	・塩分 ・糖分 ・アルコール	・栄養バランスのとれた食事 ・エネルギー摂取量は医師の指示に従う
動脈硬化	・エネルギー ・動物性脂肪 ・塩分	・肉、魚、大豆製品をバランスよく ・ビタミンEの多い食品
高コレステロール血症	・動物性脂肪 ・コレステロール ・アルコール	・不飽和脂肪酸、食物繊維、ビタミンC、E、カロテンの多い食品
骨粗鬆症	・リンが多い加工食品	・カルシウム、動物性たんぱく質、ビタミンC、D、Kの多い食品 ・適度な運動、日光浴
肝臓病	・塩分、脂肪 ・アルコール	・ビタミン、無機質、良質なたんぱく質をバランスよく
腎臓病《じんぞうびょう》	・たんぱく質 ・塩分 ・カリウム ・水分	・エネルギーを十分にとる

肥満を防ぐ

ナトリウム(塩分)を排出する

カルシウムの吸収を阻害

豆類に多く含まれる

生野菜に多く含まれる

尿素窒素などが増えるため

必要なエネルギーを体内のたんぱく質から得ようとするため

まるっと暗記しよう

納豆に含まれるビタミンKは、骨粗鬆症を予防する。

27 洗濯

生活

漂白剤の種類と特徴

漂白剤の種類	性質	使用に適した繊維と特徴
塩素系漂白剤	アルカリ性	白物のみ。漂白力は強い。綿、麻など
酸素系漂白剤	弱アルカリ性	色柄に使用できる。漂白力は弱い。水洗いできるものすべてに使える
還元漂白剤	弱アルカリ性	白物のみ。黄変色のしみを取る。絹など

しみ抜き

水溶性	しょうゆ、ソースなど	水をつけた歯ブラシなどでたたく
水油混合	血液	台所用洗剤を水に溶かし、しみをたたく
	ドレッシング、カレーなど	
油溶性	口紅、えり垢、チョコレートなど	ベンジンをつけてたたいたあと、洗剤で洗う
不溶性	墨汁	歯磨き粉をつけてもみ洗う ご飯粒をすりこむ
	泥はね	泥を乾燥させ、ブラッシングする
その他	ガム	氷で冷やして、爪ではがす

＊しみをたたくときは、周辺から中心に向けてたたいて、タオルにしみを移す

ヤギ先生の洗濯マーク講座

第31回と第33回試験で、洗濯表示記号の意味が問われたよ

洗濯処理	 40度まで	 手洗いのみ	 家庭での洗濯禁止	温度を確認
漂白処理	 漂白可	 酸素系のみ可	 漂白不可	△は漂白処理
自然乾燥	 つり干し	 日陰のつり干し	 日陰の平干し	縦線や横線は干し方、斜線は日陰を指す
アイロン仕上げ	 200度まで	 150度まで	 110度まで	温度に注意
タンブル乾燥	 通常	 低温	 乾燥不可	□に○はタンブル乾燥機

洗濯表示記号は、上の表で紹介したもの以外にもたくさんあるよ～♪

まるっと 暗記しよう

①水油混合のしみは、台所用洗剤を水に溶かしてたたく。
②油溶性のしみは、ベンジンをつけてたたいたあと、洗剤で洗う。
③洗濯マークの△は漂白処理、□に縦棒はつり干し、□に○はタンブル乾燥機。

28 安全とリスクマネジメント

介護

リスクマネジメント（危機管理）の目的

事故発生を未然に防ぎ、事故が発生した場合に速やかに対応することにより、被害を最小にすること

事故事例の分析と事故後の対応

「ヒヤリ・ハット事例」（「インシデント」ともいう）を①積極的に報告し、②原因や背景を分析し、③事故防止につなげる

1つの重大事故の背景に、29の軽微な事故と300のヒヤリ・ハットが隠れているという法則を「ハインリッヒの法則」と言うぞ

ストレスチェック制度

50人未満の事業所は努力義務

- 労働者が50人以上いる事業所で義務づけ（年1回）
- ①ストレスチェックを実施（全労働者）→②ストレスが高い人は医師による面接指導→③燃え尽き症候群（バーンアウト）によるうつ病など、メンタルヘルス不調を未然に防止

感染症予防策

◎標準予防策（スタンダード・プリコーション）

手洗い	・流水で流し、液体石けんで各部位を丁寧《ていねい》に洗う。親指は反対の手でねじって洗う ・最後に流水で15秒以上かけて十分に洗い流す ・使い捨てペーパータオルを使用する
血液、体液、排泄物に触れるとき	・手袋、マスクを着用（手袋は利用者ごとに交換） ・場合によって、ゴーグル、ガウンを着用する ・手袋を外した後、手指を消毒する

●感染症ごとの予防策

名称	感染経路	症状・特徴など
結核	結核菌による空気感染	咳《せき》、痰《たん》、微熱、血痰、喀血《かっけつ》など（高齢者は既感染者の再燃が多い）
インフルエンザ	飛沫《ひまつ》感染	・高熱、頭痛、筋肉痛など ・予防は、マスク、手洗い、予防接種、人混みを避ける、湿度（50％～60％）を保つ
MRSA（メチシリン耐性《たいせい》黄色《おうしょく》ブドウ球菌《きゅうきん》） 日和見感染症	接触感染	・発熱、黄色膿性痰《おうしょくのうせいたん》（呼吸器の場合） ・該当部位に触れた場合、消毒する（保菌者は隔離《かくり》しなくてよい）
疥癬《かいせん》	疥癬虫（ヒゼンダニ）による皮膚寄生虫感染症。寝具などからの接触感染	・皮膚の柔らかいところに丘疹《きゅうしん》や小水疱《しょうすいほう》ができる ・掻痒感《そうようかん》は夜間に強くなる ・寝衣交換と入浴を毎日行い、軟膏《なんこう》を塗布《とふ》する
ウイルス性肝炎《かんえん》	血液感染（B型肝炎は母子感染が多い。性的接触も原因となる）	・C型、B型の感染者が多い ・C型肝炎：慢性肝炎・肝硬変・肝がんになりやすい ・B型肝炎：自然治癒する傾向が強い。慢性肝炎

日和見感染症は、抵抗力が弱い人などが常在菌に感染して発症するよ

血液感染や接触感染による感染者は、入浴の順番は最後にし、他の人への感染を防ぐんだ

介護系

食中毒予防のポイント

・食中毒予防の３原則:「つけない」「増やさない」「やっつける」
・鮮度、消費期限を確認する
・肉、魚は早めに冷凍・冷蔵保存する（冷蔵庫内は７割程度）
・こまめに手洗いをし、清潔な容器、機器、食器を使用する
・使用した包丁・まな板はすぐ洗い、熱湯をかける
・十分に加熱する（中心温度75℃、１分間以上）
・調理中・調理後の食材は、常温で放置しない

食中毒の原因と予防法

腸管出血性大腸菌（O157など）	牛、豚の腸に存在。ベロ毒素を出し、嘔吐や出血性の下痢の症状が出る。十分に加熱
ノロウイルス	牡蠣などの２枚貝に存在し、冬に多い。熱などへの抵抗性が強いため、十分に加熱（中心温度85～90℃で90秒以上）。感染者の嘔吐・排泄物は次亜塩素酸ナトリウムで消毒
カンピロバクター	食肉（特に鶏肉）などの腸に存在。十分に加熱
サルモネラ属菌	食肉や鶏卵に存在。十分に加熱
黄色ブドウ球菌	手の傷などから汚染。加熱や乾燥に強い。傷がある場合はゴム手袋をし、食品を汚染しない
ウエルシュ菌	人や土壌などに存在。酸素のない所で増殖し、カレーなど煮込み料理で発生。常温で放置しない
アニサキス	魚介類の内臓にいる寄生虫。十分に加熱または冷凍処理する

まるっと 暗記しよう

食品は、中心温度75℃、１分間以上加熱する。

29 家庭経済

生活

家庭経済とは

家族の欲求を満たし、生活目標を達成するために行われる稼得、消費などの経済活動を**家庭経済**という

家計における収入と支出

可処分所得とは、いわゆる手取りのことだよ

・可処分所得＝実収入－**非消費支出**

収入	実収入	・経常収入（勤労収入、財産収入、公的年金給付など）［世帯全員の収入を合算］ ・特別収入（受贈金など）
収入	実収入以外の受取	・預貯金の引き出し、保険金、有価証券・財産の売却など
支出	実支出	・消費支出（光熱・水道、食料、住居、交通・通信、被服など）［いわゆる生活費］ ・非消費支出（所得税、住民税、社会保険料など）
支出	実支出以外の支払	・預貯金、保険料、有価証券・財産の購入など

エンゲル係数ってよく聞くけど、どんな意味があるんですか？

消費支出に占める**食料**費の割合をいうエンゲル係数は、所得が増えるにつれて低下する傾向にあることから、生活水準の高低を表す指標になるのだ！

クーリング・オフとは

契約した後であっても、一定期間内であれば**無条件**で解約できる制度のこと

●特定取引法によるクーリング・オフ

一定期間	対象となる主な取引
8日間	・**訪問**販売 ・電話勧誘販売 ・訪問購入（自宅を訪問し、高価なものを強引に買い取る）
20日間	・連鎖販売取引（**マルチ**商法） ・業務提供誘引販売取引（内職商法）

内職を紹介して高額なものを買わせる商法

通信販売もクーリング・オフの対象になるんですか？

通信販売はクーリング・オフの対象外！クーリング・オフに関することや、悪質商法の被害に遭ったら、**消費者生活センター**や国民生活センターに相談するんだ

まるっと 暗記しよう

①可処分所得（手取り）は、実収入－非消費支出。
②訪問販売、訪問購入のクーリング・オフは8日間。
③通信販売はクーリング・オフの対象外。
④悪質商法の被害は、消費者生活センターに相談。

30 休息・睡眠の介護

こころ　生活

睡眠のメカニズム

高齢者は睡眠周期が不規則になる

健康な睡眠

・レム睡眠とノンレム睡眠をおおむね90～120分の周期で繰り返す

・体内時計（概日リズム）は視床下部《ししょうかぶ》にある

・睡眠中は、成長ホルモンの分泌、免疫系の活動の増進、記憶するための働きが起こる

・就寝時に暗くすると、脳の松果体《しょうかたい》から睡眠促進作用のあるメラトニンが分泌される。朝は、覚醒《かくせい》を促すためにカーテンを開け、日光を浴びる

人は約24時間周期の体内時計を持っている。日光を浴びると、この体内時計のズレを調整してくれるのだ

レム睡眠とノンレム睡眠

レム睡眠	浅い眠り。急速眼球運動、夢を見る
ノンレム睡眠	深い眠り

身体は眠り、脳は活動している状態

安眠の介護

夜間はフットライト（足元灯）を使用

環境を整える	温度や湿度、光、音、就寝前の習慣
ストレスの緩和	痛み、かゆみ、不安などを取り除く
温める	足浴、湯たんぽ、ホットミルク
適度な疲れ	日中の運動

コーヒーや緑茶など覚醒作用のあるカフェインを含む飲料は避ける

寝る直前に、熱いシャワーを浴びたり、満腹になるくらい食事を摂ったり、寝酒をしたりすると、睡眠の質が悪くなるから避けようね

睡眠覚醒障害（睡眠障害）の種類

高齢者の睡眠覚醒障害は、１つの原因や病気だけでなく、いくつかの要因が重なって起こる

不眠症	・入眠障害（なかなか寝つけない） ・中途覚醒（夜間、何度も目が覚める） ・早朝覚醒（朝早く目が覚めてしまい、その後眠れない） ・熟眠障害（熟眠感がなく、疲労感が残る）
過眠症	日中の過剰な眠気
概日リズム障害	体内時計の周期を外界の24時間周期に同調させることができなくなる状態。望ましい時間に入眠や覚醒ができなくなる
レストレスレッグス症候群（むずむず脚症候群）	脚がむずむずしたり火照ったりして、脚をじっとさせていられない
睡眠時無呼吸症候群	睡眠中に突然いびきが途切れるなど、無呼吸や低呼吸が頻発し、熟眠障害が起こる
レム睡眠行動障害	睡眠中に、大声の寝言や激しい動作を伴う
周期性四肢運動障害	眠りに落ちる頃や夜間に、腕や脚が周期的にピクピクと動く

まるっと暗記しよう

①健康な睡眠は、レム睡眠とノンレム睡眠がおおむね90～120分周期で繰り返される。
②メラトニンには睡眠促進作用がある。
③レム睡眠は浅く、ノンレム睡眠は深い眠りである。
④寝る前のコーヒー、緑茶、熱いシャワーは避ける。

31 服薬の介護

生活

薬の服用時間

食前薬	食事の１時間～30分前
食間薬	食事の約２時間後（食事と食事の間）
食後薬	食後30分以内
頓服薬《とんぷくやく》	症状が出たときだけ

服用などの注意点

内服薬	・コップ１杯の水または白湯と一緒に飲む ・飲み残しに注意する ・症状が同じでも、他の人の薬を飲まない ・飲みにくい場合は、医師や薬剤師に相談し、飲みやすい薬への変更などを検討する ・内服後は、副作用が出ていないか観察する
点眼薬	まつ毛に触れないようにする
湿布薬	皮膚を観察し、赤くなっている部分を避けて貼る
保管場所	直射日光の当たらない、湿度の低い場所

カプセルから出して飲んでもいいですか？
喝!!
薬の効き目にもかかわってくるから、勝手にカプセルから出したり、錠剤をつぶしたりしてはいかんぞ！

まるっと 暗記しよう

薬が飲みにくい場合は、医師や薬剤師に相談する。

32 人生の最終段階における介護

こころ　生活

キューブラー・ロスの死の受容

第１段階　拒否　自分が死ぬはずがない！

↓

第２段階　怒り　なぜ私が死なねばならないんだ？

↓

第３段階　取引　神さま、生きられるのなら何でもします！

↓

第４段階　抑うつ　何をしても助からないのか…

↓

第５段階　受容　残りの人生を自分らしく生きよう！

試験で頻出！　順番と各段階における心理状況をセットで覚えよう～

本人・家族、職員への対応・支援

アドバンス・ケア・プランニング（ACP）	人生の最終段階において、本人の意思を尊重した医療およびケアを提供し、尊厳のある生き方を実現すること。本人の意思決定能力が低下する前に、あらかじめ本人や家族、医療・福祉職で繰り返し話し合い、文書にまとめる
死の準備教育	死について学び考え、死生観・人生観を深める
グリーフケア（悲嘆のケア）	家族をねぎらい、故人の思い出を語り合い、死を受け止めやすくする
デスカンファレンス	利用者の死後、職員がケアの内容を振り返り、悲しみを共有する。また、経験を次に活かして、ケアの向上を図る

死を迎えた人の身体の変化

呼吸	浅く不規則な呼吸、下顎《かがく》呼吸、鼻翼《びよく》呼吸、チェーンストークス呼吸（小さい呼吸→大きく速い呼吸→減少し無呼吸になる、という変化を繰り返す呼吸）、死前喘鳴《しぜんぜんめい》
脈拍	頻数で微弱、不整脈、橈骨動脈《とうこつどうみゃく》で測定不能になる
血圧・体温	下降、測定不能になる
意識	徐々に低下、聴力は最後まで残る
皮膚・筋肉	チアノーゼ、浮腫、体位保持の困難
反射機能	痰《たん》・粘液《ねんえき》の増加、口腔内と口唇の乾燥
排泄	尿・便失禁、尿量の大幅減少

Q

人生の最終段階における介護は、どういった点に注意すればいいですか？

A

最期まで少しでも快適に過ごせるように、安楽な姿勢を保持したり、口腔ケアや手足のマッサージをしたり、利用者にとって心地よい環境をつくったりすることが大切だ。食事は好きなものを食べるとよいぞ

まるっと暗記しよう

①死の受容は、拒否→怒り→取引→抑うつ→受容の順。
②下顎呼吸、死前喘鳴は、死の直前にみられる。
③ACPでは、本人の意思決定能力が低下する前に、あらかじめ関係者で繰り返し話し合い、文書にまとめる。
④デスカンファレンスでは、職員がケアの内容を振り返り、悲しみを共有する。

ヤギ先生の特選チェック

問題	答え
1 高齢者のいる世帯は全世帯の約５割を占めている。	○
2 感覚性失語の人には、五十音表が使える。	× 使えない
3 OJTでは、先輩職員が移乗の介護に同行して指導をする。	○
4 評価は、短期目標ごとに到達度を評価する。	○
5 ケアマネジメントで調整する社会資源は、フォーマルなサービスに限られる。	× 限られない
6 作業療法士は基本的動作能力を回復させる。	× 応用的
7 個人情報を用いる場合、あらかじめ文書で本人または家族に同意を得る。	○
8 研修会で使う資料の利用者名を匿名にした。	○
9 階段手すりは、昇るときの健側に設置する。	× 降りるとき
10 居宅介護住宅改修費は、居住する住宅に20万円まで支給される。	○
11 ３動作歩行は、杖、健側、患側の順に出る。	× 杖、患、健
12 視覚障害者をタクシーに乗せるときは、介護福祉職が後に乗る。	○
13 食事のときは、顎を軽く引いてもらう。	○
14 嚥下機能の低下した人の食事にパンを用意した。	× 誤嚥の原因
15 下痢のときは水分を控える。	× 摂取する
16 入浴では、利用者の肩からお湯をかける。	× 足元から
17 患側から脱ぎ、健側から着る。	× 脱健着患
18 歯ブラシを小刻みに動かしながら磨く。	○
19 ノロウイルス感染者の排泄物は、次亜塩素酸ナトリウムで消毒する。	○
20 入眠に向けた支援として、足浴を行う。	○
21 利用者の死後、落ち込む家族に対して、気持ちを切り替えるように促す。	× ねぎらう

でる・でた人名

過去に本試験で出題された人物を集めたよ。
キーワードと併せて覚えれば効果バツグン！

これで覚えよう！

関連キーワード

糸賀一雄	知的障害児施設「近江学園」、重症心身障害児施設「びわこ学園」を設立。『この子らを世の光に』【尊厳】
上田敏	障害受容の過程➡P.113【障害】
神谷美恵子	ハンセン病療養施設「長島愛生園」に勤務。『生きがいについて』【尊厳】
アインズワース	ストレンジ・シチュエーション法【発達】
ヴォルフェンスベルガー	価値のある社会的役割の価値（ソーシャルロール・バロリゼーション）、ノーマライゼーションの発展【介護、障害】
エリクソン	発達段階説（8段階）【発達】
キットウッド	パーソン・センタード・ケア【認知】
キューブラー・ロス	終末期にある人の死の受容プロセス➡P.196【こころ】
コールバーグ	道徳性判断の発達段階【発達】
ジョハリ	ジョハリの窓。自己開示【関係】
スキャモン	発達曲線【発達】
ストローブ&シュト	悲嘆のモデル。二重過程モデル（喪失志向、回復志向）【発達】
ソロモン	『黒人のエンパワメント』【障害】
ダーウィン	『種の起源』【尊厳】
ナイチンゲール	近代看護教育の母。『看護覚え書』【尊厳】
ニィリエ	ノーマライゼーションの8つの原理【障害】
バイステック	バイステックの7原則【関係、コミ】
ハインリッヒ	ハインリッヒの法則【介護】
バンク-ミケルセン	ノーマライゼーションの父【障害】
ピアジェ	発達段階説（認知発達理論）【発達】
フランクル	『夜と霧』。『死と愛』。3つの価値（創造価値、体験価値、態度価値）【尊厳】

フロイト	『精神分析学入門』。リビドー	【発達】
ヘレン・ケラー	視覚と聴覚の重複障害者（盲ろう者）。教育者・社会活動家	【尊厳】
ボウルビィ	愛着（アタッチメント）理論。悲嘆過程	【発達】
マズロー	欲求階層説 ➡P.80	【こころ】
マルサス	『人口論』	【尊厳】
メイヤロフ	『ケアの本質―生きることの意味』	【尊厳】
ライチャード	老年期の性格類型	【こころ、発達】
リッチモンド	ケースワークの母。『ソーシャル・ケース・ワークとは何か』	【尊厳】
ロバーツ	婦人団体（後のYWCA〔キリスト教女子青年会〕）を設立	【介護】

赤字は過去３回（第34～36回）の本試験で出題された人物（業績等を含む）だよ

編集協力

佐伯久美子（さえき・くみこ）社会福祉士、介護福祉士

読売理工医療福祉専門学校介護福祉学科講師
介護老人保健施設の介護職員を経て介護福祉士養成校の教員になる。
著書に『介護福祉士国家試験模擬問題集2025』中央法規出版（共著）、『書いて覚える！ 介護福祉士国家試験合格ドリル2025』中央法規出版（共著）、『外国人技能実習生（介護職種）のためのよくわかる介護の知識と技術』中央法規出版（共著）、『クエスチョン・バンク介護福祉士国家試験問題解説2024-25』メディックメディア（共著）などがある。

索引

数字・アルファベット

あ

か

た

な

は